◎侯文镜 主编

提升职场经验值

新入职场TIPS
生存兵法

云南出版集团公司

云南科技出版社

·昆明·

图书在版编目（ＣＩＰ）数据

新入职场Tips / 侯文镜主编. -- 昆明：云南科技出版社，2013.8

ISBN 978-7-5416-7449-5

Ⅰ. ①新… Ⅱ. ①侯… Ⅲ. ①职业选择－通俗读物

Ⅳ. ①C913.2-49

中国版本图书馆CIP数据核字(2013)第191525号

选题策划：赵伟力
责任编辑：赵伟力
　　　　　唐坤红
　　　　　李凌雁
责任校对：叶水金
整体设计： RS Design · 潤水設計
责任印制：翟　苑

云南出版集团公司

云南科技出版社出版发行

（昆明市环城西路609号云南新闻出版大楼　邮政编码：650034）

云南华达印务有限公司印刷　全国新华书店经销

开本：889mm×1194mm　1/32　印张：3.5　字数：90千字

2013年9月第1版　2013年9月第1次印刷

定价：35.00元

Contents 目录

1

目 录 Contents

新入职场的
第一天

需注意及规避事项

　　任何一个职场人都经历过上班初期的孤独感，尤其是上班的第一天，面对一个陌生的环境，陌生的人群，看着大家匆匆忙忙的背影，对眼前的这一切既有着美好的憧憬，但同时心里又很忐忑，不知道自己以后的工作会不会顺利，一般来说，作为第一天上班的你，需要从以下几个方面多加注意：

✡ 要注意着装

　　通过第一次去面试时，观察公司人员着装情况，看他们是同一工作装，还是正装，或者是休闲装。穿着整齐，干净。并且前一天要注意休息，不要熬夜，让自己保持精神状态。给大家一个神采奕奕的第一印象。

✡ 努力记住每个同事

　　入职第一天会由你的上级为你介绍同事，你要尽量记住每个同事，名字与人不要搞错，全名记不住起码要记住是小张，还是小谢。如果连这个也记不住，那一定要记住样貌，不要出了公司就不知道是自己同事，或者下班后同事跟你打招呼你都不知道是谁。

✡ 熟悉环境

　　公司环境需要熟悉，一些基础设施在哪里通过同事了解清楚，如洗手间、茶水间、打印机、办公用品领用处等具体方位最好在入职第一天弄清楚，不要以后工作中需要什么自己找不到，经常问同事，耽误别人的时间，同事也会因为你的这些小事儿而对你反感。

☼熟悉公司制度

一般情况入职第一天，需要到人事部办理入职手续，人事部会给你一本员工手册，入职第一天也不会分配什么工作，你有时间可以翻看员工手册，熟悉公司的规章制度，避免自己在工作中犯错。

☼ 建立良好的人际关系

要保持自信，主动与身边的人沟通，包括你的上级，了解他们喜欢的话题。以及一些职场规则。如新人不可第一个下班，也不可最后一个下班，顺应潮流。多参加公司集体活动，增进与同事间的关系，下班时与同事道别，并询问是否有同路者。如果自己有车可以询问是否有人要搭顺风车。良好的人际关系，不仅让自己的工作能得到同事的帮助，也能让自己的职场中有一个愉悦的心情。

对于一家正规的公司来说，入职第一天唯一的一件事情就是：岗前培训。

而且岗前培训不仅仅面向新毕业的大学生或者更高学历的硕士甚至博士，而且对于已经积累了一定工作经验的求职者也是一个必需的过程，只不过对这两类人的岗前培训的侧重不一样而已。

对于没有工作经历以及社会阅历相对欠缺的新人，更多的培训内容是企业流程，基本规章制度，以及他即将就职的岗位须知。

对于有一定工作经验社会阅历比较丰富的员工来说，培训的内容则偏重企业文化，经营理念，以及公司的短期目标甚至长远规划。

没有岗前培训，没有系统的、统一的、完善的行政运作体系，

这家企业也许看起来风光无限，但是内部是无法形成合力的，因为一家企业的综合竞争力不仅仅是市场与业绩，还包括企业文化、公司管理，以及良好的行政运作流程。

因此，无论你是刚大学毕业的学生还是已有工作经历的人，大可不必担心入职第一天会遇到很多麻烦事，当然可能会有一些企业在第一天会试探你一下，看你有没有眼力价，不过一般正规的大公司是不会的，在入职的第一天，你只要认认真真做好培训就可以了，在以后的工作中，勤奋努力，就一定会有一个不错的未来。

办公室新人必备20条小tips

4

☒ 尽快熟悉并掌握你所从事的职位所需要的知识和技能

多向办公室里的前辈学习，哪怕对方脾气大点也没关系，先当孙子后当爷爷，等你有一天可以爬在他头上了，再发威不迟，哈哈。当然最好能和他们搞好关系，说不定会有意外收获，例如介绍你未来的另一半给你之类，那可是好事啊。

☒ 少偷懒，多做事

在上司面前表现得好，那么你得到的好处就不用多说了吧。

☒ 做人还是真诚些好

职场的人际关系其实是社会的缩影，你待人如何，别人心里自然会有一杆秤衡量的。在你需要帮助的时候，那些正直友善的同事往往可以起到不可低估的作用。

☼ 和同事搞好关系

这是老生常谈了，但确实需要。姿态低一点哪怕你的能力比他强，遇到难对付的人，不计较不意味着认输，只是不想把时间浪费在无关紧要的事上面而已。遇到 "办公室政治"不要慌张，冷静点分析看是什么出了问题，然后再找相应对策。切记一点：绝不要在办公室里和人当面发生冲突，个人利害自己仔细想想吧。如果能和周围同事打成一片而又保持独立人格的话，说明你的职场 EQ 还是相当不错的，有前途哈！

☼ 不管你所在的单位（公司）是否给了你上进的机会，你都要给自己机会上进

别为自己找借口，不然将来你怎么在职场立足？那些在职业成长路上走得远走得好的人，我从来没有看过他们不长进的时候。想起数年前一个同学给我的 PPS 里的一句话："你跑得快，别人比你跑得更快。"如果你不跑，后果是什么自己衡量吧。

☼ 心放宽些，别计较鸡毛蒜皮的小事

这会让你活得更洒脱。在上司眼里，这可是相当不错的品质呢。呵呵。

☼ 尊重那些职位不如你高的人，哪怕对方只是一个清洁工

要知道，你的口碑不一定是从与你职位相同的人那里树立起来的。记得蒙牛老总在电视上说过一句话，即蒙牛公司的用人原则："有才有德，破格录用；有德无才，培养使用；有才无德，限制使用；无才无德，坚决不用"！

☼ 体谅那些处于困境的同事，可能的话伸出你的手

不一定要对方给你什么回报，但"赠人玫瑰，手有余香"，

何乐而不为？何况人生的路还长，说不定别人会在将来你有需要的时候拉你一把，有什么奇怪的？

☒ 必须尊重你上司的决定，适时维护对方的尊严和面子

有的人不懂这个，或者在心里否定对方但不得不勉强合作，通常的结果都是走路。如果遇上气量狭小的上司，那么你死定了。

☒ 维护上司的尊严之余，学会适当的恭维

没有人会嫌好话难听，特别是夸奖自己在某些方面的溢美之词，上司也不例外。挖掘你上司的优点和好处并加以赞扬，他对你的好感会直线上升的。不信？试试。有两个小技巧：一是背后说好话，他肯定会听到的；二是找那些别人都不曾注意到的优点。效果如何？嘿嘿。

☒ 办公场合要点

你不打算被别人质疑你的工作能力，这些打扮最好留到跟你工作无关的地方：比较暴露及相当透明的衣服、露趾凉鞋、刺鼻的劣质香水。N年前刚出来的时候，发现身边某个角落不知为何总是弥漫着一股杀虫水的味道。多次留意之后，原来是一个经常打扮得像舞女的外来女孩子干的好事，但是，苦了我们的鼻子。血红的唇膏、夸张的指甲油、僵尸般的黑色眼线，以及面粉一样的粉底；仿冒名牌皮包、鞋子和衣服（如果买不起真正的顶级名牌，那就买价格便宜得多的普通牌子货，见过世面的人通常会轻视这种人，认为他们是"冒牌货"，无形中这种人的形象和工作能力也在不知不觉中打了大大的折扣）；

男生忌长发、鼻毛"随风飘摇"；指甲脏污、不修边幅、体味吓人；有品位的男士，知道怎么使用香水。

女生忌长发飘荡，在办公室里，还是束起或盘起比较得体。

不管男女，忌说话时口气冲天，上一餐吃过的刺激性食物的味道还挥之不去，似乎在炫耀他（她）刚吃过什么大餐，那只会让别人敬而远之，认为你没教养；办公室少接或不接私人电话，特别是高声用方言说话，影响别人的工作情绪，严重不宜；浪费公共财物；贪小便宜。别以为不说就没人知道，别人不说而已。万一在背后告你一状，谁会倒霉？

☒ 正式场合（如宴会、酒会）着装礼仪

无论如何，一件（套）精致且内敛的礼服是必需的，哪怕你穿着出席不同的正式 party。配备质量精良的皮包和鞋子，以及少量的配饰（如丝巾、项链、手镯等等，男士如手表、领带夹、袖扣），忌浑身上下金光闪闪，整一个品位低俗的暴发户；另外，男士全身上下最好不超过三四种颜色（正规外交礼仪是三种以内），并且，黑鞋白袜或白鞋黑袜是品位恶劣的具体表现。袜子的颜色必须与裤子和鞋子协调一致。不懂的话，看晚七点中央一台《新闻联播》。

清明节看某地方台，一帮领导到烈士墓扫墓。里面有两位仁兄（估计是次要部门的小头儿），竟然打了红色领带！别以为上台露脸就是表示喜庆，看清楚什么场合再决定你衣服的色调，整一个土财主似的，谁欣赏？

☒ 参加聚会场合在座的人数有很多时，怎么办

即使不能一一握手寒暄，也应行"注目礼"，目光从每个人身上柔和扫视一遍，并行微笑。离别时也应打声招呼，否则别人

会认为你是溜走或者逃跑，相当不得体。

☒ 离开座位时，记得把椅子移回原位

这是有教养的表现；关门、关窗、关灯、关水龙头，同理。

☒ 高声喧哗者，通常心虚

☒ 遇到别人赞美时，得体地说声"谢谢"，并报以微笑，这就是自信

☒ 懂得细致照顾女士的男士，通常会得到好感

表现在开车门、拉椅子、帮忙拎包、让女士走在前面、走路时在外侧等等。本人自工作以来经常受到此类待遇，在此一并感谢一下身边的男性同事、客户及朋友们。

☒ 女生少"放电"，免得对方会错意想入非非对你自己不利

☒ 一直盯着女性敏感部位看的男士

在办公室里，这就是"厌恶"的代名词。

如果不想被人理解成色狼，那么，建议有这种嗜好的男性，及早收起你不规矩的目光，或者只看对方眼睛。其余的，回家欣赏你的另一半去，如果没有，你可以在无人时浏览有色网站，但不可过量免得影响第二天工作，恶性循环。

☒ 办公室恋情，能免则免，实在免不了又走不掉的话，搞地下情

记住一条：最好别因此成为别人的谈资和笑话。否则将来结果不好，场面尴尬，下不了台，终须执包袱走人。

入职场后
新手兵法

初 入 职 场 ， 五 要 ， 五 不 要

面对全然陌生的职场环境，职场新人都有那些注意事项？才能在人事环境给领导同事打造良好的印象，如下：

✡ "要"尽快建立良好的人际关系

初入职场，同事们都会对你展现友善和友好，这是同事之间要互相帮助体现团结友爱的职场明规则，因此，你可以和某些人刻意保持距离，但表面上还是应该和单位不同层级的同事建立起热情和友善的关系，哪怕对方只是一位勤杂工。当然，凡事给别人留发挥的空间也是在给自己留下发挥的空间。

✡ "不要"参与任何的派系争斗

有种说法，职场如江湖，每个人都在争当"老大"，因而会形成不同的利益团体，也会形成明争暗斗和钩心斗角。这些人表面上显露出来的好像是积极进取有超强的事业心，其实，胜者为王败为寇，跟错了领导跑错了派系犹如女人嫁错了老公，绝对可以让自己毫无立足之地，因此，初涉职场的人还是别掺和，保持中立比较好。

✡ "要"勤学好问

工作伊始，对于没有工作经验的职场新人，许多工作不上手是正常的。这个时候向同事请教是推助你尽快进步的最优方法。

千万不要不懂装懂，这样只会导致自己的工作做不好，甚至还给别的同事造成工作上的困扰，严重时还会可能给你所在的单位造成经济上或社会声誉上的损失。职场中有团队意识的职场新人才是最受欢迎的。另外，当你虚心向同事请教、让对方给你一点工作上的指点的时候，从某种意义上也是在让同事产生成就感，你对他的感谢，甚至表达出的钦佩等都会让他对你也产生好感。

11

✠ "不要"与同事发生金钱往来

虽然说同事是每天都朝夕相处的，但所谓人心隔肚皮。职场人际的复杂使得职场断然与学校不同，而再亲密的同事关系也与同学关系不同。在事业上已经暗藏着许许多多切身利益的交汇点，因此，尽量不要再与同事发生经济上甚至是直接金钱上的往来，尤其是向同事借钱会涉及你自己的隐私问题，尤其是你相当隐私的事情是不希望成为同事之间茶余饭后的谈资。

✠ "要"用脑子听话用眼神沟通

无论你从事的是什么工作，用耳朵多去聆听、多与别人进行沟通都是让你真正快速进步的方法。许多职场潜规则也要求职场新人初入职场要多用脑子去听话，多用眼神进行沟通。实践证明，但凡事业成功都靠的就是"六分勤奋三分机遇和一分贵人相助"，因此，身处职场，多用脑子少说话，尤其是需要用嘴巴进行沟通时多用用脑子真的至关重要。

✡ "不要"锋芒毕露

初入职场，大多职场新人都满怀抱负，一身冲劲和干劲。这本来是件好事，但是，对于那些肯吃苦有超强能力的人来说，锋芒毕露绝对不是好事，也会招来"杀身之祸"。虽然职场明规则提倡每一个人都要以事业为重。而真正以事业为重并成为单位业务骨干的人，大多得到的是受排挤被打压的结局。

✡ "要"注意积累实力

职场中，有个道理是通用的：具备实力才具有话语权。在职场，累积权力的基础就在于如何尽快让自己累积起足够的专业实力。尤其是初入职场的职场人，如何尽快成长为一个让领导放心的、能独当一面的行家里手是决定着自己是否能脱颖而出、赢得上司青睐的关键，也是决定着自己能否事业有成和出人头地的关键所在。

✡ "不要"出现政治性错误

不是只有从政的人才需要政治挂帅，其实在你事业的道路上政治是无所不在的，因此，要避免出现政治性的错误很重要。比如，表现出对你不懂业务上司的蔑视或不屑一顾，越级报告，或是不看场合随意打断老板的讲话或公开质疑上司的管理理念等等，要知道政治是妥协的艺术，这些不明智的举动绝对会葬送你的事业前途。

✡ "要"与同事时刻保持基本礼仪和适当距离

保持基本礼仪除了是基本的职场礼貌行为，还会帮助你在同事们面前树立良好的形象。而保持适当的距离，则是自我保护的良好方法。因为职场如江湖，复杂的人际要求你为了安全不要参与任何派系斗争中去。因此，当你在职场发展和建立良好人际关系的时候，即便对方不可能成为你理想中的朋友，也千万别让对方成为你事业上的敌人。要避免对方变成你的死对头，保持与之适当距离是你自我保护的最好方法。

☒ "不要"与同事过多闲聊，更不能在闲聊时触及上司

初入职场，找机会与同事聊天是尽快融入职场、建立良好人际的方法之一。但职场毕竟不是聊天场，利用吃饭、下班时间与同事聊天可以，但上班时间切不可与同事过多聊天。聊天话题中更不可涉及自己的上司。即使是你的同事在说批评上司的话或发牢骚宣泄自己不满时，你也切记不要因为所谓的出于礼貌而去应承。因为，这样很可能让你被职场小人利用。

所谓职场如江湖，职场中明规则、潜规则交织。初入职场，一定要首先了解下这些职场注意事项，进而才能学会优雅地应对各种职场事。

初入职场要注意的小细节

☒ 初入职场后应该注意的小细节

职场中都有各自的法则和规定，它没有法律那样有强制性，但是如果不注意犯了职场的潜规则，一样会受到很严重的损失。

初入职场的注意事项：

· 正确地评估自己，千万别再做白日梦
· 别都看着别人好，因为别人还看着你好呢
· 兴趣不等于事业，不要轻易地跨圈子，跳槽

· 聊天多聊别人，不聊自己，聊别人也是点到即止。

· 只能相信自己，职场不是过家家，没有你的亲人。

· 刚进公司一定低调，切不可成为众人"焦点"。

· 别轻易地抱怨，说出话来就要达到目的，你的一句抱怨恰恰成了别人的把柄。

· 不要羡慕"背景"牛的人，一定要跟他们搞好关系，即使你心里再不屑。

· 领导就是领导，再亲热也不代表能"称兄道弟"。

· 30 岁之前要明白"我未来想干什么"，"积攒实力挣 30 以后的钱"。

· 30 岁之前该花的钱要花，攒不下来

· 当官不打送礼的。

· 别想背靠好几棵大树，那就等于一个都没靠。

· 找一个"他吃肉能给你喝汤"的大树靠上。

· 没有领导能当一辈子，所以不要不把别的领导放在眼里，这样猜留有余地。

· 没有一个傻子，你别觉得自己能"阴"谁一把，大多数的时候都是别人"懒得搭理"你。

· 对领导只能说好话，要你提意见，8 分褒 2 分疑，千万别觉得领导给你提意见的机会，不然你可能不会有再提意见的机会

· 宁可让人把你当傻子，别让人把你当"人精"。

· 什么位置就干什么位置的事，千万别想当然的做主

· 永远要多请示领导，即使他都让你请示烦了或者骂你怎么这么笨，你的笨才显出他的不笨。

· 适时请领导吃吃饭，即使他不去证明你想着这回事

· 送礼一定要私下联系，直接打手机，它不收说明你还没有"价值"，但至少证明你心里有他，总比领导都不知道你这个人好。

· 要相信人不可能一辈子干一个工作，所以也不可能一辈子

都要看谁的脸色。

· 有本事当爷，没本事当个称职的孙子。

· 真正"钻研"一门手艺，自己的才能别人偷不走

· 靠拢这个势必得罪那个，没有办法，但至少表明是"形势如此"，不是"恶意为知"。

· 领导永远没有错，都是我没有领会领导意思。

· 同样都是对手，即使他一再表示他如何如何佩服你。

· 有机会多充电，别一下班就上网聊天打游戏，您别跟"家庭妇女"似的，不能报班就多读读书，至少在饭桌上多个话题聊。

· 敬酒是必需的，喝酒是有讲究的，别上来就敬，得等领导之间寒暄完了才轮到你。

· 千万别觉得领导夸你两句就是重用你，领导夸你的同样也夸过别人，说明这是个会当领导的领导。

· 风水轮流转，不可能你永远"受宠"或"不受宠"，所以不要把事情做绝了。

15

初入职场容易犯的错误

♀ 入职后毕业生可能会犯的错误

毕业生初入职场，从校园生活转向社会职场，或多或少会遇到些职场上的尴尬，茫然而不适应，如何胜任职场做到游刃有余？

法则一：

不要在别人的背后说人坏话。你热衷流言蜚语的话，人们就

不会相信你。多关注你自身的问题。

法则二：

尝试为那些会对你的个人能力形成挑战的工作。你会在一年的时间学习到超过大学四年的东西。

法则三：

成功的领导都具有良好的沟通技巧。他会从别人身上学习，包括他自己的员工。

法则四：

工作的时候尽可能使用会让你的上司感觉舒服的方式。这不是奉承。

法则五：

裁员的时候，最先离开的就是那些没什么朋友的人。老板们喜欢并尊重那些有能力的人。

法则六：

为你想要的工作而穿着，而不是你现在做的工作而穿着。让你的穿着中透出一种专业感。

法则七：

经常健身来保持良好的体型。除非是那些极具经验的员工，一般来说，不健康的人都处于一种相对不利的状态。

法则八：

个人诚信是至关重要的。只说实话，上司可以原谅你的错误，但是如果你说谎，你完了。

法则九：

准时。尝试每次都早到几分钟。这会缓解你的紧张感，你会感到非常的放松，并且，可以工作地更好。

法则十：

要努力在最后期限前完成任务。如果你确实无法完成，那么道歉并且要求一个延期。

法则十一：

不要清楚用事。 如果有些人对你不满，那是他们的问题。但是记住，你自己要尽力做到最好。

法则十二：

如果你一定要指正某人，不要掺杂个人因素。 而且绝对不要在别人面前做这件事情。

法则十三：

每天花一点时间独处。 我生命的目标是什么？我想成为什么样的人？还有我该怎么样努力才能达到这个目标。

法则十四：

当你在职业生涯中执行你的A计划时，记得也保留计划B—— 一个你可以依靠的备用计划。

法则十五：

永远记得成功的秘诀是热情。 永远要志存高远并且分享你的爱和快乐。这样，你将拥有一个快乐的未来。

17

新人职场容易犯的 7 个险境

☼ 切勿轻信他人

职场如战场，人心叵测，千万不能轻信他人。职场是一个利益交换的场所，品德好的人往往树敌众多，而坏人却顺风顺水。你可以不学坏人那样去害人，但至少要有保护自己的能力。别人要来害你，最简单的方式是利用你的善良，其次是因为你轻信于人。而在职场中，信任往

往应该有尺度。站在自己的立场上，守住应该有的利益，相信应该相信的话，这才能活得更好。

¤ 伪善的人不是异类

很多女孩子都会觉得，身边同事都太假了，像是戴着面具做人。而实际上，这种伪善的人在职场中是主流，所以一个实话实说的人反而成了异类。别把职场中伪善的人当成怪胎，他们每说一句谎话，都是有好处的，而你做不到他们那么虚伪，是一种缺憾。所以在职场中，你或者学会说谎话，或者学会沉默才能生活的永久。

¤ 掌握你命运的人是老板

职场是一个用权力来划分等级的地方，拥有最高权力的老板，完全掌握你的命运；而你的直属上司则部分掌握你的命运；其余的同事们，他们只是掌握你的情绪而已。所以，对一个女人而言，事情就变得很简单。只要谁掌握老板就等于掌握了别人的命运。而如果你老是被情绪控制，则等于把自己的命运交到同事手里。要不被老板控制是很难的，但至少，你要学会不受同事的影响。

我的决定才是最终决定！

18

¤ 做得多不如说得多

在职场里，有些人明明做了很多，却不懂表现，以至于没人知道，甚至功劳被人抢走，这种人就算累得半死，也是不会有半分功劳的，因为上司压根看不见她。而另一些人，事情还没做，就先说得天下皆知。于是不管她们做不做得成，有没有做，都成了领导眼里的红人。职场的现实就是这样，做得多不如说得多，做得好不如说得好。（不过也要从实际出发，不能夸夸其谈。）

> 我的情绪不被别人的言语及行为控制，微笑面对每一件事情

☿ 不为小事生气

女性在职场里，很容易为小事情生气。然而，小事情往往是最难分出对错的，所以就把大量的精力纠结于此，弄得天怒人怨，最后还不了了之。实际上，小事情并不会改变你的职场命运，就算争赢了也不会让你得到什么好处。相反，过于纠缠细节，会令你得罪许多人，也会让同事对你的好感降低。

☿ 不是每个机会都值得尝试的

女性在职场里最大的问题并非是要不要往上爬，而是如何抵御诱惑。许多人不是没有机会，而是机会太多，不晓得如何选择。职场里的机会，至少有一半是陷阱，它们不是在帮你，而是拖住你前进的步伐。所以，当机会来临的时候，一定要弄清楚，这是在推你，还是在拉你。

☿ 对敌人一定要斗到底

职场里输家往往不是没有手段和智谋，而是太容易心软了。真正的赢家，是没有心软的资格的。许多人在职场里都是有竞争对手的，而女孩子往往会是失败的那一个。绝不是因为她们没有手腕和智谋，而是因为女孩太容易心软。职场里，最困扰

19

女性的，往往是受感情的控制。当对手畏缩了，可怜了，就放弃一举拿下的机会，反而患得患失，最后让人逆转局面。真正的胜利者，并没有太多的技巧，只不过把该做的事情做到底而已。

新人要注意的职场潜规则

初入职场的新人，你在职场适应的怎么样了呢？职场并不如看上去那样美好，彼此间的开玩笑，插科打诨背后，可能是你争我夺的利益争斗，所以职场新人，一定要读懂基本的职场潜规则，尤其是关于新员工的潜规则。

✩ 新人潜规则1：摆正心态，接受考验

大学生初到职场中工作，公司通常只会让他们做一些非常简单、重复性的事务，主要目的是让他们去更多的了解公司业务及运作。如果表现较好，老板往往会在潜意识会增加工作量与难度。

这时聪明的试用员工知道：这种貌似挑剔的要求或任务，其实正是公司考验自己的命题之一，如果自己能沉住气、好好寻找相应的完成策略，自己必然会受到主管的刮目相看。

✩ 新人潜规则2：礼仪比工作内容更重要

在东方人心目中："人活一张脸"，你在礼仪上所表现出的每一细微之处，都会使对方感受到自己的分量究竟几何。你在公开场合下的表现，那不叫一般性的礼，而是对一种仪式的表演能力，是一种能通灵的东西。

☼ 新人潜规则 3：世上没有公道，付出不一定有回报

公平之难，是因为世上没有绝对的公平存在。每个人心里都有一套公平的标准，而这些标准却又是彼此对立的。很多时候，我们总喜欢将"付出自有回报"之类的说法绝对化，其实只是用来掩饰自己的不自信罢了，新人一定要看透这个残酷的职场法则。

☼ 新人潜规则 4：除了你自己，没人会真正为你着想

你倒不如提前想一下，别人会怎样约束你、挑剔你、压榨你、利用你，拿你当枪使，让你背黑锅，给你下套，骗你卖命。

放弃对别人的所有期望吧，所有的冷漠、锤炼、孤独、中伤，都是应该出现的。你也唯有在这样的环境中，才能真正修炼出独立职场生存的能力。

没想到在后面打我小报告的是他，我还一直当他是朋友呢

☼ 新人潜规则 5：找到决定你前途的贵人

如果你的直接上司能够决定的你的职务和薪水，那么当然，他就是你的贵人，如果你的直接上司的权利并不能决定你的职务和薪水，那么你要弄明白谁是你的贵人。——给他留下好印象，远比你加班苦干要有效得多。至于这个贵人，别管他是什么的样的人，让他为你服务是最重要的。

21

作为一个职场新人，职场之路才刚刚开始，你需要了解身处职场，就要遵守其游戏规则，不要一不小心破了规矩，而被企业封杀，落得另谋东家的后果，你的职场发展也将深受其影响。

入职后如何突显自己

入职新兵突击法则八条

每一位合格的士兵都是从为期三个月的新兵连生活开始的，而刚刚走进职场的"新兵"们，也将面临三到六个月的"新兵生活"，如何扮演好新兵的角色，给上司或者同事留下美好的印象，是这些新兵们必须努力做好的"功课"！因为，这段"新兵生活"期间，周围有许多眼睛盯着"新兵"、观察"新兵"，"新兵们"的一举一动都将成为"新兵"在用人单位去留的依据。以下是一些"老兵们"的心得，或许对职场中的新兵们有所启发：

☿ 不强出头

职场新人大都是刚刚从象牙塔中走出来，不知道社会的深浅，常常会认为自己学识丰富、能力非凡，而且相貌英俊潇洒，认为自己是当领导的料，于是总是事事爱强出头，表现出一副指点江山的架势出来，其实这些职场"新兵"刚到用人单位，所有的工作以及环境对他来说都是陌生的，诸多事情都不知如何办理，因此多向同事求教才是进步最快的一种方式。要有一种从零做起的心态，放下大学生的架子，充分尊重同事的意见，不论对方的年龄是大是小，只要比自己先来单位，都应该虚心地拜他们为师，只有不断地虚心请教，再加上自己的努力学习和埋头苦干。

虚心的心态往往比渊博的专业知识更令人欣赏！

24

☒ 不妄加评论

办公场所是人群相对比较聚集的地方，各人的品行不一，总有那么一些人喜欢背后对某人进行说长道短，评论是非。刚到单位的"新兵们"，不可能对单位内部的事情了解得清清楚楚，更没有正确分析判断的能力，所以为了避免引起同事们对自己的反感，"新兵们"最好保持沉默，不随便妄加评论，更不能到处散布传言，卷入无端的是非争吵之中。即使自己在遭受挫折与不当待遇时，也不能对自己不满的地方妄加评论。尽管"新兵们"对不满的评论是希望得到其他同事的注意和同情，这也是一种正常的心理"自卫"行为，不过妄加评论会引起上司或者同事的不满。大多数上司认为，随意妄加评论的员工不仅会惹是生非，而且会造成单位内彼此猜疑，打击单位工作的士气。为此，"新兵们"应时刻牢记不妄加评论这样的戒律。

☒ 不擅自主张

许多"新兵"不懂社会交往的"规矩"，往往在不该说话的时候随便说话、不该做主的时候随意做主，从而给上司留下了极坏的印象。有一客户想做一个灯箱广告，便打电话给一广告公司的经理，经理恰好不在，是一位小姐接的。"麻烦你转告经理，我这里需要设计一个灯箱广告。""这个啊，没问题！你派人过来和我们洽谈一些具体操作事宜就可以了。"小姐爽快地说。这位客户刚要动身来广告公司，跟着就接到广告公司经理的电话："对不起！您来电话的时候我不在，你是要做灯箱广告

> 经理你好，我想请问您一下，这个项目我们是不是……

25

吗？我们将派人到你那里去，将你的详细需求带回来。"停了一下，这位经理又说："可是，对不起啊，我想知道是哪位小姐说叫你派人来我公司的。"这位客户愣了一下，说："有问题吗？""当然没有问题，我只是想知道，到底是谁自作主张。"尽管这位客户没有告诉小姐是谁，据说经理还是查出来了，并对她作了严重的处分。所以，"新兵们"必须知道，无论你帮上司负责了多少事情，也无论上司多糊涂，甚至依赖你到了你不在他连电话都不会拨的程度，他毕竟还是你的上司，毕竟还得由上司来做主。擅自主张的话，等待"新兵"的将是严厉惩罚。

☼ 不放弃每一次表现

在承担自己的工作义务时，"新兵们"就不能再谦虚了，在上班时，对于上司或同事交办的每一件事，不管大小，都要想尽一切办法、克服一切困难，力求在最短时间内高效、高质量地完成。"新兵们"应认识到自己做的每一件事情，都是向上司或同事展示自己学识或能力的机会，尽管单位开始不会对"新兵"委以重任，往往让"新兵们"做一些比较琐碎的杂事、小事。只有做好每一件事，才能取得上司和同事们的好感与信任。当然在表现自己的时候，想办法做个"有声音的人"，有意识地引起上司和同事们的注意。比如向上司汇报工作，要先汇报结论，要是时间充裕的话，再详细汇报细节；要是提交的是书面报告，千万不要忘记签上自己的大名。

做每一件事都是一个展示自己的机会即便是杂事也不该怠慢

☼ 不被失败吓倒

"新兵们"刚刚走上工作岗位，

26

对工作流程、工作环境等一切都是很陌生的，因此在工作中难免出现一些差错，此时"新兵们"往往会产生一些畏缩情绪，从而给同事或者上司传达一种懦弱、无能的信号，这样的话领导也不会将重担交给你的。所以在遇到困难或者挫折时，应该表现出足够的勇气，不断鼓励自己下次尽量避免犯同样的错误。应该相信不论多么聪明的人都会出现差错，这很正常，下次只要做得更好就可以了。

☒ 不违反制度

许多新兵在大学生活中，自由惯了，一走到工作岗位上的时候，还没有完全按照工作的规定来要求自己，总是对单位内部的规定看得较轻，工作起来尽管干劲很足，但就是上班的时候经常迟到早退，其实这往往是纪律严明的用人单位最不能容忍的。所以新兵们一定要严格要求自己，上班时一定要早到晚走，决不轻易为自己的私事请假离岗。同时应抓紧时间，多翻阅单位的一些内部规章制度的材料，多注意观察，尽量使自己少犯错误，少出纰漏。

遵守制度才能让领导看到你严谨的工作态度。

27

☒ 不"标新立异"

这里的"标新立异"可不是什么创新，而是指自己的穿着得体、外在形象方面，不要太追求个性化、太追逐时尚潮流。新进单位的人要根据自己工作性质、职位选择适宜的服装。不要穿过于追逐时尚、过于休闲的服装，相对保守正规一些的服装会给人留下好感。此外，要是你整天"标新立异"，想办法从外观

上引起上司或者同事们的"视线"的话，上司或者同事们反而会认为你不把心思放在工作上，工作肯定不会太认真。

☒ 不慵懒松散

俗话说新人新气象，任何一个刚到单位的"新兵"，应该克服在大学生活的慵懒松散现象，而应该向同事或者领导展示自己的青春与朝气。许多"新兵"都说不知道干什么才能体现朝气和活力，不知从何处插手，其实你只要做个有心人，从最基本的打扫卫生，整理文件材料，接听电话做起，为领导或者其他同事做些辅助性工作，比方说打印材料，填写一些简单表格等；此外别人都推脱不干的事，自己要主动接过来做，这样就能容易融入同事圈中，得到领导或者同事的赏识。

入职新人如何突破自己

据专家分析，近几年的就业形势仍旧严峻，对于新出茅庐的大学生就业是一个急需解决的问题。专家针对应届大学生找工作难的问题总结出五点经验，只要应届毕业大学生能突破，实现就业不会有太大问题。

☒ 突破点一：突出自己的优势

应届生与社会人士相比，自有其不足之处，但未必所有环节都居人之下。如果在求职过程能将自己的性格特征、专业优势、鲜明亮点表现出来，或许能让用人单位耳目一新，"万花丛中一点红"，被录用的可能性就会增加。卓越典范企管顾问公司陈志嵘在谈到自己的招聘经验时说："相当多的应届生，因不擅总结自己的优点、不能发现自己的长处，导致求职失败者比比皆是。"

相关资料统计表明，应届生因为不能突出自己的优势特长而失败的比率超过 77%，不能不说是个沉痛的教训。

从基层做起积累经验，才能在好的岗位上做得更好。

✡ 突破点二：乐意从基层干起

许多从事人力资源管理工作的 HR 表示，他们的企业并不是不需要招聘应届大学毕业生，而希望通过输入新鲜血液的方式改变后备人才不足的困境。可因招聘到的绝大多数应届大学毕业生不愿到基层接受必需的锻炼，使得企业在百般无奈之下忍痛割爱，找些学历、专业、悟性并不如应届大学毕业生的初高中生做学徒或培训干部。我国高校教材编写专家邹金宏表示："万丈高楼平地起。如果应届大学毕业生不愿到基层接受锻炼，会有哪家企业敢冒风险，将项目交给一个几乎没有驾驭风险能力的新手呢？"如果应届生要想成为企业的顶梁柱，在社会这所大学中，还需到基层去吃苦。

✡ 突破点三：拥有感恩的心

企业使用应届生是需付出一定代价的。可有些应届大学毕业生进入企业后，往往因为一些琐事闹别扭，甚至与企业分道扬镳，签订的劳动合约犹如一张白纸。为人得讲诚信，可现在有些大学生，似乎视诚信如粪土。没有上班之前信誓旦旦，而上班之后往往心猿意马。没有一门心思用在企业里，倒更多关注哪里会有更适合自己发展的地方，时刻准备跳槽。一港资企业的老板陆先生说："不要埋怨我们不聘用应届生，而是对他们的心态抱怀疑态度。

29

如果拥有一颗感恩的心，才真正同企业生死与共。"

☼ 突破点四：自信创造奇迹

充足的信心能让职场新人在面试中表现得更好。

自信是创造奇迹的灵丹妙药。可一些应届生在求职时，往往因为自己缺乏实际操作经验而无法在所应聘的工作岗位前表现十足的信心，导致企业不得不拒之门外。但有一点想告诉涉世不深的求职朋友，企业一旦确定招聘没有社会经验的应届生，就已在其培训计划与资源配置方面做了相应的安排。

☼ 突破点五：细节决定成败

随着社会的纵深发展，企业对人才的考察已非停留在专业、技能、经验的需求，同时考虑人才的性格、合群、创新能力，注重细微功夫。可有些求职者不能真正领会"勿以恶小而为之，勿以善小而不为"的古训，导致求职败北。奥泰斯电子有限公司的王元元在接受采访时说："员工接听电话时，如果讲话不小心，就有可能丢掉客户。"而类似的现象，在企业发展中屡见不鲜。为减少企业管理的失败成本，选择人才时注意细节考察，当然顺理成章了。

新人如何锻炼成"老手"

锻炼法则七要四不要

大学生初涉职场，在明确自己的职业发展目标和方向的前提下，最重要的是对自己有效的工作经验的积累，学会从一个"学校人"变成"职业人"，逐步提炼自己的职业含金量和竞争优势，只有这样，才是保证职场顺利发展的有效手段。

经过几年的学习，大学生终于要走出无忧无虑的象牙塔，夹起公文包，开始准备为每天的面包而奋斗，当然也正是将自己的梦想放飞的时候。也许初涉职场，意气风发的你真有一种舍我其谁的心态。然而，现实却总不能尽如己愿，光有满腔热情是不够的。在才踏入职场的时候，要懂得7要4不要。

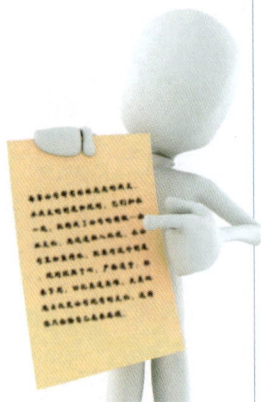

✡ 初涉职场7要

一要，认真了解企业文化

每家公司都有林林总总的成文、不成文的制度和规则，它们加在一起，就构成了公司的精髓—企业文化。想迅速融入环境，在公司里如鱼得水，就要对这些制度、规则烂熟于心，严格遵守。初来乍到，切记莫逞英雄，天真地想去改变公司现有的文化，这样你只会给自己惹来麻烦。

二要，快速熟悉每位同事

忽然跳入一个完全陌生的圈子，面对的是一张张或亲切，或深沉，或谦虚，或倨傲的脸。从中找到几位兴趣相投、价值观相近的，与之建立友谊，尽快打造自己在公司里的社交圈。这样，一旦在工作中遇到困难，不愁没人对你进行点拨。遭到恶意刁难时，也不致没人出手援助。不过要注意，与同事搞好关系应把握一个度，千万不要钻进某个狭隘的小团体，拉帮结派只会引起"圈外人"对你的对立情绪，有百害而无一利。

三要，做事分清轻重缓急

一个人的能力、精力有限，谁也不是超人，不可能一夜之间解决所有难题，做完所有事情。当一大堆工作同时压到你身上时，按"轻重缓急"的次序依次完成，是最合理的解决之道。暂且把那些杂七杂八的小事搁下，集中精力处理棘手的事情，安抚要求苛刻的客户。做好一件事，远比事事都尝试、最终却一事无成要强得多。

四要，绝对遵守公司章程

坚持每天早起运动半小时，这会让我在工作中充满活力，更有效率

每家公司都有自己的规章制度，有些是无论在哪里都必须遵守的，比如不迟到、不早退、办公时间不打私人电话、不揩公家的油等等。也许没有人因你早下班10分钟而指责你，但老板的眼睛是雪亮的，如果在这种小事上栽跟头，可真是得不偿失。

五要，学会任劳任怨

一般说来，一开始用人单位都会把一些琐碎、单调、技术含量低的工作交给大学生，正所谓"天将降大任于斯人也，必先苦其心志，劳其筋骨"，让他得到锻炼。这个阶段缺乏乐趣和挑战性，往往让大学生觉得自身价值无法体现。其实这个时候应该任劳任怨地做好。要相信，这只是小小考验，只有表现好，才有机会获得进一步施展才能的机会。

六要，和老板适当保持距离

怎样拿捏和老板的距离，向来是职场新人的一大困扰，既不

33

能拒之千里，也不便"紧紧追随"。和老板适度
保持距离是必要的，尽量避免"马屁精"的嫌疑，
否则会在无形中失去许多同事的信赖。当然，对
老板要绝对尊敬，万一与之产生冲突，一定要
克制克制再克制，不然只有另谋高就了。

我喜欢发现
并记录美好
的事物

七要，会工作，也要会娱乐

无论是新潮时尚的电脑网络游戏，
还是有贵族气息的高尔夫球、网球，或最
大众化的麻将、象棋、扑克牌，总得会上
一两样。和同事一道参加娱乐活动，是联
络感情、拉近距离的绝佳方式，很多时候，
友谊就是从打打闹闹、嘻嘻哈哈中衍生而来的。
"书呆子"在职场中不会受欢迎，既会工作又会
玩的人才能左右逢源。

34

♀ 初涉职场 4 不要

一不要，好高骛远

初涉职场最常见的问题是择业的盲目性。有些大学生对自身
缺乏正确定位，抱着好高骛远的就业心态进入职场，希望一下子
就进入高层管理岗位。其实在市场经济的大环境下，人才作为一
种特殊的商品，首先是要从自身来适应社会，以自身条件为前提，
合理地选择相应的工作。

二不要，锋芒毕露

年轻人往往锋芒毕露，但在职场里，还是韬光养晦比较好。
太急于显露自己的才能和实力，盼望尽快得到他人的认可和刮目
相看，表现得急于求成是很不可取的。这样做不仅会给人自高自
大的印象，更主要的是会使你过早地成为人们的竞争对手，倘若
你没有厚积薄发的底牌，一旦成为强弩之末，那只有被人嗤之以

鼻，逐出场外。所以，别太拿自己当回事。

三不要，不要怕吃亏

刚毕业的大学生被称为"职场新生代"，平时在家在学校都不免有些养尊处优，大事做不好，小事不屑做。工作里或者与同事的相处过程中鸡毛蒜皮的小事都容易怨声载道。其实在工作的过程中，多表达对别人的敬意并时常恰当地使用礼貌用语，或者热心跑腿，合理的情况下多帮助别人完成分外的工作，都不是吃亏。平时工作中应该多考虑其他同事的感受，多感谢他们平时对自己的帮助。加班更加不是吃亏，反而是福。因为学会合理加班，对自己的事业发展是很有必要的。

四不要，不要怕说"我不懂"

初入职场，对公司的特点、运营方式尚不熟悉，工作中会遇到很多困难，要敦促自己迅速进入角色。遇到不懂的问题时，不妨直说"我不懂"、"我还不大明白"，或向有经验的同事讨教，无论对方学历有没有你高。不懂装懂或抛开问题不管是最不可取的做法，那样的话，就等着"老牛拉破车"般地在事业发展的道路上慢慢蠕动吧。

大学生初涉职场，在明确自己的职业发展目标和方向的前提下，最重要的是对自己有效的工作经验的积累，学会从一个"学校人"变成"职业人"，逐步提炼自己的职业含金量和竞争优势，只有这样，才是保证职场顺利发展的有效手段。

35

您现在有空么，请教一下这个该如何做

新来的这个女孩很有礼貌嘛！

禁 忌 ： 不 受 欢 迎 行 为

　　刚进入职场对于新人来说都很新鲜，但由于刚从学校毕业出来总会带有一些学生气息，以下 8 种行为会让职场的菜鸟们不受欢迎，要注意了！

✿ 排名第 1: 极不合群

　　物流公司职员王先生：虽然公司新进的职员，上班时基本都是坐在办公桌前处理单据等，并不需要性格过分热情开朗或者为人八面玲珑，但是公司当然也不希望找一个类似于患自闭症的职员每天像空气一样地存在。新来的一批职员中有一个女孩子就内向得让人受不了。她刚来上班的时候，没有人知道她是几点来的，往往是办公室中偶尔头一抬，猛地看见刚才还空着的位子上已经有一个身影端坐在那里。下班时候也是这样，大家才开几句玩笑的时候看见她还在，刚回到座位上忽然就发现她的桌上已经清理一空，下班了。被她这么毫无声息地一来一往吓过几次，大家也都习惯了，最后几乎都渐渐忽略她的存在了。本来，新人刚入职场，利用中午吃饭时间可以和同事们聊聊天、吃吃饭熟络起来，有几个新人的确是这么做的，也已经融入了大团体，但是这位新人愣是坚持每天自己带饭来，时间一到，微波

我发现附近新开了一家甜品店，下班一起去吃吧！

好啊！好啊！

炉里一转，就躲到会议室的角落里一个人吃闷饭去了。如此不合群的新人，大伙儿还真是第一次见识。也有几位好心的同事一开始主动找她搭讪，可是她最多礼貌地回答一下，然后就又跟得了自闭症一样，一言不发。后来同事私底下聊起，有人用"太可怕了"来形容她。

☒ 排名第 2: 太爱表现

广告公司总代理刘先生：公司新进来的一个员工是今年的应届毕业生。他本身是学日语专业的，但是工作中暂时没有他专业的"用武之地"。然而，他似乎并不甘心这样的状况，仿佛不用到日语就难受得无法工作似的。于是，平时同事交流或者开玩笑，有事没事他总会夹杂几句日语，如果在场有人听得懂还好，问题是同事中没有一个懂日语的。他也不顾这样的表现会让别人产生什么样的反感，一边讲一边还要看看其他同事，尤其是女同事，那种眼神就像是在炫耀："瞧我日语讲得多顺溜。"几乎每隔两天他都要打一两通完全讲日语的电话，一开始我还纳闷我们并没有那么重要的日本客户啊，所以听到他对着电话听筒日语讲得欢畅，我就会多看他几眼，瞧他那语气、强调，也是在打私人电话。公司虽没有明文规定不准打私人电话，但是这样张狂地表现自己，未免过头了吧。大家知道你会日语，也犯不着如此强调的。

☒ 排名第 3: 推卸责任

人事专员韩小姐：我最讨厌的新人是那种不肯承认自己错误的人，听不得别人批评，总喜欢推卸责任。别看新人一般都很嫩，但是有时候也会有人"以嫩卖嫩"。仗着自己初来乍到，什么都不懂，就什么事情都拿自己是新人来做挡箭牌。一旦做错事被发现，即开始猛找借口，还不忘加上一条理由："我是新来的，所以原本不懂这样的规矩。"有一些新人直到做了一两个月后，还

会有一种把自己当作新人的心态，觉得其他同事应该照顾自己。新人开始一两次说自己没经验犯了错没关系，大家都可以谅解，但是一遇到问题就把自己的责任推得干干净净，势必引起旁人反感。在职场中，推卸责任的人本身就不受人尊敬，何况新人与周围的环境还没有完全磨合好，这样如何在职场中建立个人品牌？我只能说，这样的新人，往往面临人际关系的危机。

☒ 排名第 4: 行为怪异

贸易公司业务组姚先生：我们曾经来过一位新员工，刚进来的时候没发现什么特别不好的地方。那时正好是冬天，天气还算好，大部分人认为并不是很冷，但突然有一天我们发觉这位新员工进入办公室总是戴着帽子。她的帽子是连着衣服的那种，而且全黑。一开始大家都没觉得什么，可后来发觉她每天都是同样的打扮，而且进了公司也没有脱掉帽子的意向，整个一天上班都是保持这样的装束，不免让人觉得怪异。经过查证，发觉她并没有秃发、掉发的尴尬，就更加不明白她为什么那么喜欢戴着帽子。之前看过《达·芬奇密码》，我们越发觉得她的背影看上去很像电影中的异教徒，不由得让大家都产生一种毛骨悚然的感觉。另外，她走路的声音也很轻，整天戴着帽子不发声音地移来移去，平添大家的恐惧感。后来我们试着跟她提出，但却并没有达到预期的效果，可以说她是很执着地喜欢戴帽子吧。到最后，我们实在忍无可忍了，向公司领导反映，公司领导出面向该员工提出了想法。最后该新员工也很知趣地改换门庭了。

☒ 排名第 5: 敷衍了事

展会公司项目负责人麦先生：新来公司，总是要从基本的工作开始做起，在慢慢适应的过程中了解并熟悉整个工作环节的流程。何况，展会业的工作内容和流程就是这样，筹备期比较长，工作内容也比较繁杂琐碎，但是只有经历过这个过程，才会对最终举办成功一个项目有成就感。在漫长的准备阶段，展会公司需要做的就是宣传、招商、租借、反复确认等，不断地打电话给参展商确认一些细节问题。这份工作看似简单，但是整天握着听筒打电话也不是一件轻松的事情。所以，我们的一位新人就因此而受不了，开始"捣糨糊"了。找全了名单叫他第一遍打电话推荐我们正在筹备的这个展会，问问对方有没有兴趣参展，他一开始打得很卖力，可是毕竟工作太单调，后来他就开始偷懒了。我在旁边偷偷观察他，发现到最后，凡没打通的或者暂时找不到负责人的电话，他就忽略不打了。然后向我们报告说这些单位不准备参加本次展会。这是何等不负责任的工作态度！又会让公司产生多少损失？这样的新人一开始太让人诧异，经过我暗示指点，也没见他工作态度积极一点，反而因为有了"前科"而让我放不下心，每次他报告什么事情有问题或者无法完成，我总会认为他有敷衍了事的嫌疑。我相信没有哪个公司喜欢拥有这种工作态度的员工。

⚥ 排名第 6: 不拘小节

部门主管李先生：现在的年轻人特别讲究个性，原来公司里有个新来的，男生，他戴一个耳钉，头发染黄，一小撮一小撮的。每次一进来都会令大家眼前一亮，牛仔裤上剪几个大洞，电脑包斜挎在身上，走起路来松松垮垮。做事明显带有自我标签，而且喜欢跟潮流。我为此特地跟他谈过，他说穿西装穿得太死板了，没有年轻人的感觉。我就让他到写字楼的大

> 现在的年轻人太我行我素了，一点也不尊重别人的感受

> 是啊，单位是一个集体，应该学会互相尊重、相互帮助

门口，看看走下来年龄差不多的人穿的是什么。一些新人真的很不懂礼貌。进门自己先进、出门自己先出，主管、同事走到他身边说事情，作为新人第一时间要站起来，这些都是很基本的礼仪，而我看到很多的职场新人，往靠垫上一靠，二郎腿一翘，很没有教养。企业是由很多人组成的一个团队，你过了头就会影响大家。

✡ 排名第7: 缺乏主动

营销主任林先生：新人刚来公司都会接受培训，而且我们老员工一般也都会帮助他们，但是很多新人就像算盘一样拨一拨动一动，不拨就不动，人家不来教他，他也就不学了，就等在那儿等别人来教。有一次，我刚刚招聘一个学生，结果一个星期，我看见她在那里上网，百无聊赖的样子。我把小女孩找到办公室谈话，问她当初选择我们公司的目的是什么？她说看大家在忙，不知道该干什么，所以只好上上网，看看这里、看看那里。我说你不知道该干什么就要不耻下问，这是你的主动性不够，在家里你的父母会为你准备好一切，在企业不同，企业是要通过你们生存发展的，你要为企业做事情。很多新人招聘的时候说自己什么都会干。去了之后做错事情却说公司没有培训。

学校里学的东西在企业里面可能会过时，这跟知识结构不匹配有关，所以作为大学生进入企业之后要不断学习，保持知识方面的更新，同时保持自己在职场上、行业里的竞争力。即使你在大学里面英语拿到专业八级，但是到了企业里面发现还是需要学，因为在一个行业里面有很多的专业术语。在企业里面一定要让自己处在不断地学习状态，学习别人的经验、学习别人好的处事方法和态度，还有知识方面的更新，要比较多地了解

新工作还不错，每天都没什么事做……下班美美地跟男友看电影去

40

自己所处的这个行业以及所在的企业将会用到的知识。

☒ 排名第 8: 过于稚气

职员徐小姐： 公司每年都会招收一些新鲜血液进来，我也经历过这个阶段，深知他们的种种迷茫和无奈，所以，对他们还是比较理解和照顾。新入职场确实会有很多需要向前辈们请教的地方，但是可能带新人的经历太多，有时候觉得有点烦。其实，也不能怪他们不努力，真的是这些孩子的社会经历太少，一遇到状况就六神无主。总觉得他们依赖性很强，仍旧把自己当成一个孩子。有一次，让一个新人给外地的供应商汇款，很简单的事，结果她却连着两次因为粗心而把单据填错，款全数退回。最终还是我亲自出马才弄好。看着她慌张的模样，我也不好意思责备，对于那种一说就哭的新人我更是一点办法都没有，还没拿她怎样，她就哭得梨花带雨似的。刚刚从学校进入社会，总会碰到这样那样的不适应，新人在这样的时候，不能还像在家里那样任性娇气，总把自己当孩子。毕竟这里不是幼儿园，做错了事情还要人哄着。这是上班的地方，新人要听得进善意的批评。

41

禁忌：勿做三种鲜花

☒ 怕上司的含羞草

含羞草的花语：怕羞

情景回放：不爱说话的小芳在毕业后终于不孚众望地考上了公务员，本以为文书工作自己应该得心应手，可是才 2 个月她就说害怕上班。她说，自己害怕见到部分领导。虽然领导既敬业又有才华，但她不知为什么一见他就底气不足，沟通是能躲则躲。

有一次，因为没听清领导的意思，交给她的工作被耽搁了，事后领导质问她为何不过来再问一声？她小声说：怕您太忙，耽误时间。结果领导很生气，劈头盖脸训了她一通。时间一长，小芳一见到领导就紧张得脸红，说话不利索。

"不知道为什么，我每次看到领导心里就慌，就像老鼠看见猫似的，紧张得话也说不出来。"小芳说。

和上司沟通是工作中的重要职责，需要从中了解上司意图，获得支持，把握自己未来的工作方向，在计划上统一步调，达成良好的工作效果。只有处理好与上司的关系，才能正常开展工作。

与上司沟通对职场新人来说是一项需要不断学习和提高的技能，新人要采用上司容易接受的沟通频率、语言风格、态度、情绪等，做到观点清晰、有理有据、易被理解。对于小芳来说，不妨试着以共同合作完成工作的心态来看待领导，同时要认识到，与上司的沟通不能逃避，是工作中最重要的部分，如此渐渐消除惧怕上司的心理。

这……主任，我能帮你做点别的么?

小张，你把这份文件送给领导签字。

42

☿ 带刺的仙人掌

仙人掌的花语：外表坚硬带刺

情景回放：晓春是某名牌大学新闻专业的高才生，毕业时进了某国家级刊物当记者，在学校春风得意的她到了单位却并不如意。一起报到的除了她，还有来自其他媒体有经验的年轻人，每个人都认为自己能力强，工作方式和观念存在差异，很难融合。有一次，主编派晓春和另一个同事共同合作一个热点专题，但她觉得这个选题的价值不如自己报的另外一个，于是她一边敷衍同事，一边暗自着手做自己的选题。结果，同事没法按时交稿，而她自己的稿子也被主编毙掉了。晓春甚至还跑去找主编讨说法，事后还休了两天病假才回来。同事们觉得，她的能力不错，但总是趾高气扬，如今得罪了领导，大家更不买她的账。

没问题，相信这次我们会合作得更好！

上期你们做得很好，这期选题也由你俩一起做。

"我有自己的想法，不喜欢天天被人指挥。难道我想把稿子做得更有可读性有错吗？为什么主编就不能多听听我的建议呢？同事们也不理解我，我真是太郁闷了！"晓春报怨道。

"带刺员工"往往具有一技之长，能力超群、精力旺盛，不喜欢他人甚至老板在自己面前指手画脚。但是作为一名职场新人，在入职之初应当适度地学会收敛自己的"刺"，锋芒太露不是好事。要记住，在职场中只有做一个"好用的人"，你才可能得到上司的青睐。即便是上司的判断不一定正确时，也应该在有效沟通、得到认可的前提下再改变工作目标，否则既拖累同事完不成任务，也让上司不再信任自己。

简要内容：与上司沟通对职场新人来说是一项需要不断学习和提高的技能，新人要采用上司容易接受的沟通频率、语言风格、态度、情绪等，做到观点清晰、有理有据、易被理解。对于晓春来说，不妨试着以共同合作完成工作的心态来看待领导，同时要认识到，与上司的沟通不能逃避，是工作中最重要的部分，如此渐渐消除惧怕上司的心理。

☼ 两头倒的墙头草

墙头草的花语：没原则

情景回放：阿玉性格温和，办公室里最好人人相安无事。来

43

公司半年，她从不过分坚持自己的意见，不轻易反驳他人意见。在同事眼里，她是个老好人，但因为太好说话，她的话也从来引不起他人足够的重视。有时，明明自己的活还没干完，却得帮同事复印材料，自己再加班来做；周末值班，别的同事总会有这样那样的事情忙得抽不开身，唯有阿玉总是那个替别人值班的人。半年下来，阿玉只休过3个双休。

今天下班我要去看电影，能帮我处理完这些工作么？

我已经连续加班几个晚上了，你还是自己处理完再去吧。

"我不想得罪同事，能帮就帮一下，可是时间一长，他们觉得我这是应该做的。上周我有事值不了班，没想到本该值班的张姐对我意见很大，说我帮别人不帮她，我真的很委屈。"阿玉说。

做办公室里的老好人，并不一定大家就喜欢你。实际上，在充满竞争的职场，只有在工作能力得到大家认同时，才能成为真正的强者。提醒自己，什么是你真正想要的，当你知道什么是正确的选择却因为"不想得罪人"而做不到时，妥协将最先伤害到自己。实际上，懂得拒绝的人往往有很好的沟通能力和协调能力，使那些被拒绝的人并不会因此成为他们的敌人。当你总是处于被支配的状态时，不妨花点时间和那些总是支配你的人沟通和协调，排列工作的轻重缓急，这样才能优化你的行为模式。

禁忌：与男女同事相处需注意差异

在职场中两性沟通方式与思维上的差异非常大，例如，传统男性以能力、技术、成就来衡量自我及他人；而女性则多半以能够关怀、体谅与奉献的程度来估算人的价值。

☿ 不管你的性别是什么，跟女同事相处时，以下 15 招可作为参考：

(1) 记得跟她们打招呼，并叫唤名字，而不是劈头就谈工作。

(2) 注意到女同事外观上的不同，并给予适当赞美。

(3) 记得她家人的名字，并偶尔分享个人生活。

(4) 避免想要解决她的问题，有时倾听、表示理解即可，别急着提出建议。

(5) 主动帮小忙，可让她感觉自己并不孤单。

(6) 当争论无可避免上演时，表示：给我些时间想一想，然后我们再讨论，好吗？

(7) 转换话题前，先确定她已说完，你可以说：如果你已经说完，我想谈谈有关……。

(8) 如果她必须多花些时间谈某事，给自己一点弹性，谨记：若她感觉被倾听、受到支持，她会在必要时支持你。

(9) 当她抱怨时，不要打断，再用正面口吻复述她的话，例如：所以你的意思是……她会觉得你值得信任，她说的话也有被听进去。

(10) 说话时切记眼神接触，不必直视，只需把脸面向她，而不要左顾右盼或转身做其他事。

(11) 在偶然的场合上，可以多赞美她的外表；但在正式场合，要把话题重点放在她的工作成就上。

(12) 私下有机会多与她交换心得与反馈，记得问："我可以怎么做？"而不是自顾自解释自己的想法。

(13) 找些机会给她出其不意的支持，女性有时喜欢这样的支持，例如帮她搞定电脑问题。

(14) 小组讨论时记得想到她，特别征询她的意见，以示重视。

(15) 让她事先知道你的工作进度或何时要请假，给时间让她因应变化，会让她感受到你的体贴。

☒ 而跟男同事相处，应该注意一下一些点：

(1) 提供建议时直接切中要点，避免过度陈述问题，男性会以为你是在抱怨。

(2) 询问他的意见后，小心别尝试去纠正或解释你最后未采纳的原因，留点面子给他。

(3) 交办工作时，尽量不用强调个人关系的语词，如：我们被指示要……；措辞尽可能用"可否请你"或"麻烦你"等。

(4) 有所要求时尽量直截了当，不要让他猜半天，然后等待他提出支持。

(5) 尽量别在他周围聊天、处理私事，男性不喜欢公私不分。

(6) 在他买新车或谈论运动时，别贬低他的嗜好。

(7) 用自己最舒服的方式打扮自己，显示对外表的重视，但别刻意利用性吸引力来得分，有风险！

(8) 尽量少在办公室画浓妆，大多数男人并不欣赏。

(9) 当他正抱怨某事，给他多一些空间，但避免表现出母爱式的怜悯，可能引起反效果。

(10) 对于他的成功表达出乐观，除非他主动要求帮忙，否则别替他担忧。

(11) 男人躲在他的洞穴时，不必干扰，轻松看待，他总会自己出洞。

(12) 讨论工作问题时，采用轻松而信任的口吻，男性不习惯太情绪性或沉重的语调。

(13) 尽可能忽略他的错误，只要你不小题大做，他就能感受到你的支持。

(14) 当他达成某成就时，多给予肯定，可当众赞扬他；对他的指正或建议，则尽量私下进行。

Tips *5*

职场如战场
需谨言慎行

谨言：办公室的语言需注意

在办公室里与同事们交往离不开语言，但是你会不会说话呢？俗话说"一句话说得让人跳，一句话说得让人笑"，同样的目的，但表达方式不同，造成的后果也大不一样。在办公室说话要注意哪些事项呢？

☒ 不要跟在别人身后人云亦云，要学会发出自己的声音

老板赏识那些有自己头脑和主见的职员。如果你经常只是别人说什么你也说什么的话，那么你在办公室里就很容易被忽视了，你在办公室里的地位也不会很高了。有自己的头脑，不管你在公司的职位如何，你都应该发出自己的声音，应该敢于说出自己的想法。

☒ 办公室里有话好好说，切忌把与人交谈当成辩论比赛

在办公室里与人相处要友善，说话态度要和气，要让觉得有亲切感，即使是有了一定的级别，也不能用命令的口吻与别人说话。说话时，更不能用手指着对方，这样会让人觉得没有礼貌，让人有受到侮辱的感觉。虽然有时候，大家的意见不能够统一，但是有意见可以保留，对于那些原则性并不很强的问题，有没有必要争得你死我活呢？的确，有些人的口才很好，如果你要发挥自己的辩才的话，可以用在与客户的谈判上。如果

一味好辩逞强，会让同事们敬而远之，久而久之，你不知不觉就成了不受欢迎的人。

☒ 不要在办公室里当众炫耀自己，不要做骄傲的孔雀

如果自己的专业技术很过硬，如果你是办公室里的红人，如果老板老板非常赏识你，这些就能够成为你炫耀的资本了吗？骄傲使人落后，谦虚使人进步。再有能耐，在职场生涯中也应该小心谨慎，强中自与强中手，倘若哪天来了个更加能干的员工，那你一定马上成为别人的笑料。倘若哪天老板额外给了你一笔奖金，你就更不能在办公室里炫耀了，别人在一边恭喜你的同时，一边也在嫉恨你呢！

49

☒ 办公室是工作的地方，不是互诉心事的场所

我们身边总有这样一些人，他们人特别爱侃，性子又特别的直，喜欢和别人倾吐苦水。虽然这样的交谈能够很快拉近人与人之间的距离，使你们之间很快变得友善、亲切起来，但心理学家调查研究后发现，事实上只有1%的人能够严守秘密。所以，当你的生活出现个人危机？如失恋、婚变之类，最好还是不要在办公室里随便找人倾诉；当你的工作出现危机？如工作上不顺利，对老板、同事有意见有看法，你更不应

额！我对这个不是很感兴趣耶！

昨天我看到小李和一个男的手牵手逛街，你猜是个什么样的男人？

该在办公室里向人袒露胸襟。过分的直率和十三点差不多，任何一个成熟的白领都不会这样"直率"的。自己的生活或工作有了问题，应该尽量避免在工作的场所里议论，不妨找几个知心朋友下班以后再找个地方好好聊。

谨言：学会说白色小谎言

我们中 99% 的人，都经历过白色谎言的袭击，或是对别人善意隐瞒，或是被别人善意欺骗。

"今天你穿得真有个性。"

"好久不见，你看上去还是那么年轻！"

"我总想着过来拜访你，可就是抽不出时间……"

这些"讨好型"白色谎言飘荡在办公楼的每一个角落，挥之不去，与我们的生活融为一体。每个撒谎者都试图以此取悦别人，从而换取别人的好感和回报，不管那好感是真是假，甚至也是一箩筐白色谎言。

还有一类白色谎言属于"自保型"。譬如爽约，明明贪玩忘记时间，偏要说是路上堵车。撒谎者一是为了逃避责任，二是为了避免激怒受害者，三是顺嘴撒谎成习惯了，想改都改不了。

无论出于什么原因，撒个小谎骗骗别人，早已是很多人擅长的"小技巧"，甚至不会引起内疚感。很多白色谎言制造者认为，善意谎言无伤大雅，还能起到职场关系润滑剂的作用，何乐而不为？

但是别忘了，被骗者可能不这么认为。趣味调查问卷中常会问到"你最讨厌的一件事"，无论是明星还是大众，很多人都给出了"被别人欺骗"的答案。可见在很多人心目中，"欺骗"是一种无法容忍、不能原谅的行为，无论是恶意的蒙蔽还是善意的隐瞒。这就引出了一个问题：既然不愿意被人骗，为何还要去骗别人？

答案是：人在江湖，身不由己。从小接受"拾金不昧"的教育，听着《金斧头银斧头》的故事长大的我们，其实很想做一个诚实的人。可是，当你的老板要你帮忙推掉一个不重要的约会，当你的同事找你帮忙请病假实则去赴私人约会，你会怎么办？吭哧半天，犹豫半天，与其冒着被暴打的危险说出真相，还不如心甘情愿当一台白色谎言制造机。

> 谢谢！你今天也很精神！

> 你穿这个颜色的裙子看起来很有活力哦！

51

我听说一个段子：某贸易公司的员工经常接到客户的催货电话，最常用的应对方法是："货已经在路上了！"如果客户不信要求查看发货清单，他们就会说："会计回家生孩子去了。"有一次，客户气急败坏地说："前几个月你们就跟我说会计回家生孩子去了！请问她到底是难产还是怎么着？"该员工情急之中说："呃，呃，那个，会计她已经生完了，在家坐月子呢……"

这样的谎言，显然不止出于"自保"，更有恶意隐瞒的嫌疑。商场胜情场，谁要全心全意相信对方，谁就是傻瓜。职场宝典教给我们，掌握必要的撒谎技能，才能在关键时候保全自己。

可是，一时保全并不等于长治久安。如果你想在职场上稳扎稳打，打造个人品牌，那最好别滥用白色谎言。换句话说，能不说假话就别说，如果不撒谎实在无法搞定，也得把谎给说圆了。

对于"自保型谎言"，区分对待之。倘若情势所迫必须自保，可在不伤害第三方的前提下为之。倘若撒谎或不撒谎都不会改变结果，那宁可不撒谎，还能落个诚恳老实坦白从宽的好名声。

还有一个"安慰型"谎言，关键词为"其实你很棒""我们都看得见你的努力""一切都会好起来的"，通常用于安慰情绪不佳或表现糟糕的同事和朋友。

52

谨言：语言沟通技巧

职场是一个充斥着各种潜规则的地方，与同事之间的交流也是一样，在办公室和同事交流的时候，不是什么都可以说，稍有不慎，就容易得罪人，因此，办公室的交流沟通是要讲求方法的。

要让自己的语言表达像玫瑰一样美丽芬芳，为自己营造良好的职场氛围，需要注意以下 12 点：

（1）愉悦的语气可以快速拉近距离。

（2）了解事情的来龙去脉，根据人物、环境的不同，使用恰当的字词表达。

（3）有意在第三方面前表达你对某人的欣赏，间接听到的赞美往往比直接听到的更能深入被赞美者的内心。

（4）客套话适可而止。"才疏学浅，请阁下多多指教。"之类的客气话只适合在初次见面时使用，同事之间"谢谢。""麻烦您了。"更适合一些，勤说不错。

（5）面对称赞，坦然说声"谢谢"就好，不必过于自谦。

（6）当有人称赞你的对手或敌人时，不要急着去否定，适当的认可更能突显你的大度和气量。

（7）如果你要批评某人，也请讲究策略和方法。人们在受批评时，通常都会感到难以接受，即使真的是自己做错，也不大容易承认做错的事实。如果此时你再毫不留情，对方很可能就此与你为敌。批评并不是为了计较对方的错误，而是为了杜绝以后再有错误，柔和的开始能够有效地让对方放下防御和反击，倾听你的看法和建议。

（8）每个周一都是一个新的开始，愉快的心情能够影响到这一个星期。千万不要在周一的早晨摆出一副臭脸，或是用半阴不阳的语气给同事带来心理阴雨天气，要知道，很多人都有"星期一抑郁"，你可以成为抑郁改变者，绝对不能成为愉快杀手。

（9）每个周五是周末前奏，忙了一周，大家都在准备度周末，同样不要在这一天里用坏情绪去接触他人，不要让别人带着对你的怨恨回家休息，那样会让他们对你的仇恨成倍叠加。

（10）注意为每个人留下情面。不要当着外人的面批评自己的朋友或同事，提醒和批评这类话都适合关起门来单独说。

（11）批评的话说过，最好有你的积极建议，否则你的批评就会变成否定甚至是攻击。

（12）不断提升你的判断与反应能力，察言观色是一种非常强的分析判断能力，无论是说话，还是回应，都要随时提醒自己注意对方的表情，特别是肢体语言的表现，及时调整你的遣词用语。

职场内外
人际关系

学历能为你敲开职场之门，但是若要谋求发展，则需要更多的东西，包括动因和多重的人际网。动因是最为坚韧的。你要确信你是自己的主人，你技术高明，天资聪颖。但是如同其他专业人士一样，你也需要支持——强有力的支持。你需要的远不止一个人。在漫长的征途中，你需要在与人的交流中保持持久的动力，你不仅需要职场内与同事领导的良好关系，也需要场外其他三大关系的支持。

职场不可或缺的三大场外关系

个人关系：即家庭网络版、亲友，一切青睐你的志趣相投的人。在这些人的身边，你会感觉良好，浑身是劲。他们深爱着你，因为你的快乐而快乐。为你的个人关系腾出时间是十分必要的，因为他们能让你保持恒久的动力。

社交圈子：与个人关系相比，他们或许略显疏远。你或许只能在各类晚会上碰到他们。你们拥有共同的爱好，比如：散步、远足、骑单车或是看电影。假如你刚搬到一个小镇，你可以在你喜欢的地方、业余教育的课堂上或者在参加社区义工时结识他人，拓展你的社交圈。

专业网络：这个网络显然比别的关系更为疏远。你只能在同学会、专业会议和工作场所见到他们。它包括和你共事过的人，你的老板、导师和教授。此外职业咨询者亦属此类。虽然，良师益友、保持动力、

今晚这样的场合，千万不要出什么差错，希望我能表现得沉稳大方点

加强关系网不能百分之百的保证你能得到升迁，但是这一切足可以为你赢取赞誉和盛名。如果你开始通过你的关系网为你的目标打拼时，你定会拥有无穷的动力。如果不是这样，那么，你该找职业咨询人员帮你重新审视以往的成绩和目标。当然，你也许会意识到，侧面出击或在更深的层次上继续自己的角色是职业发展和个人回报的最好形式。

职场内：人际关系法则

✡ 跷跷板互惠原则

俗话说，助人为快乐之本。人与人之间的互动，就如同坐跷跷板一样，不能永远固定为某一端高、另一端低，就是要高低交替，这样整个过程才会好玩，才会快乐！一个永远不肯吃亏、不愿让步的人，即便真讨到了不少好处，也不会快乐。因为，自私的人如同坐在一个静止的跷跷板顶端，虽然维持了高高在上的优势位置，但整个人际互动失去了应有的乐趣，对自己或对方都是一种遗憾。跷跷板互惠原则是我们在与同事相处时，不可缺少的一门艺术。

✡ 刺猬法则

刺猬法则可以用这样一个有趣的现象来形象说明：两只困倦的刺猬。由于寒冷而相拥在一起，可是因为各自身上都长着刺，刺得对方怎么也睡不舒服。于是，它们分开了一段距离，但寒风刺骨，它们又不得不凑到一起，几经折腾，两只刺猬终于找到了一个合适的距离：既能互相获得对方的体温，又不至于被扎。刺猬法则就是人际交往中的心理距离效应。它告诉我们：人与人之间

应该保持亲密关系。但这是亲密有间的关系，而不是亲密无间。我们要学会运用刺猬法则，与同事相处时既不要拒人于千里之外，也不要过于亲密，彼此不分。有的放矢地处理好各种关系。

☒ 白金法则

白金法则是美国最有影响的演说家之一、商业广播讲座撰稿人托尼·亚历山德拉博士提出的，他还撰写了专著《白金法则》，白金法则的精髓为：你想人家怎样待你，你也要怎样待人。用这种为人处世的观念和方法，能使我们在社交中始终处于主动地位，有的放矢地处理好各种关系。

☒ 首因效应

现实生活和社会心理学实验研究证明：人在初次交往中给对方留下的印象很深刻，人们会自觉地依据第一印象去评价一个人，今后交往中的印象都会被用来验证第一印象，这种现象就是首因效应。在现实的人际交往活动中，给交往对象留下良好的第一印象，对于工作顺利、有效地开展，起着不可低估的作用。开端不好，就是今后花上十倍的努力，也很难消除其消极影响。所以，在现实工作中，我们要努力在慎初上下功夫，力争给人留下最好的第一印象。

职场内：相处四大秘籍

☒ 秘诀1：邀同事一起用午餐或晚餐

你得不时地花些时间和同事在一起，以此来表示你很在乎他们在工作中

的存在，而且你也有很好的团队合作精神。

通常来说，在工作场合中，同事间的交流往往受到工作时限等的限制。因此，一起去吃午餐或者晚餐是个非常好的交流的机会，在这种相对轻松的氛围下，你们也可以放松紧绷的神经，说些轻松的事情，加深同事之间的了解，从而改善关系。

✣ 秘诀 2：送同事小礼物的创意

把同事的生日以及对他们来说最为重要的纪念日记录下来。如果你有为他们买一份生日礼物的想法，那么就可以动手准备了。收到礼物的同事一定会非常感动，会永远记住你对他的体贴之心。你也可以适当培养一下与"非同事"之间的关系。比如你知道某个同事跳槽了，那么可以准备个小礼物祝贺他。那么也许在将来，当他那里有个很好的工作机会的时候，他就会想起你，因为你的体贴周到说不定会让他觉得你非常适合这份工作。

✣ 秘诀 3：离职的时候给每个人写一封告别信

当你离职或者跳槽的时候，也许你还非常想和曾经的同事们继续保持友谊，那么这封告别信就可以帮上你大忙了。告别信上要加上你的电子信箱、手机号码、QQ 号码、MSN 地址等等信息，以便大家能够及时找到你。另外，别忘了在熟悉了新公司的环境之后时不时找上几个前同事出来聚一聚，别让好不容易建立的同事之谊变得淡了。

✣ 秘诀 4：不是所有的同事都很糟糕

最需要记住的事情是，你要知道，不是所有的同事都很糟糕。

其实，你的绝大部分同事都是非常适合成为朋友的，只要你愿意。要清楚地了解一个同事，不能只靠办公室里流传的各种闲言碎语，你得有自己的判断。给他们一些机会，让他们自己被你了解，你会发现，原来那些曾经让你觉得讨厌的人其实完全可以做你的朋友。

职场内：相处礼仪

在职场有一个好的礼仪，会受到很多人尊重，也会得到合作伙伴的认可。一般来说，有哪些职场礼仪需要我们注意呢？

☼ 握手礼仪

握手是人与人的身体接触，能够给人留下深刻的印象。当与某人握手感觉不舒服时，我们常常会联想到那个人消极的性格特征。强有力的握手、眼睛直视对方将会搭起积极交流的舞台。

女士们请注意：为了避免在介绍时发生误会，在与人打招呼时最好先伸出手。记住，在工作场所男女是平等的。

☼ 电子礼仪

电子邮件、传真和移动电话在给人们带来方便的同时，也带来了职场礼仪方面的新问题。虽然你有随时找到别人的能力，但这并不意味着你就应当这样做。

在今天的许多公司里，电子邮件充斥着笑话、垃圾邮件和私人便条，与工作相关的内容反而不多。请记住，电子邮件是职业信件的一种，而职业信件中是没有不严肃的内容的。

传真应当包括你的联系信息、日期和页数。未经别人允许不要发传真，那样会浪费别人的纸张，占用别人的线路。手机可能会充当许多人的"救生员"。不幸的是，如果你使用手机，你多半不在办公室，或许在驾车、赶航班或是在干别的什么事情。要清楚这样的事实，打手机找你的人不一定对你正在干的事情感兴趣。

> 一封专业的电子邮件，能帮我更好的处理工作。

☿ 道歉礼仪

即使你在社交礼仪上做得完美无缺，你也不可避免地在职场中冒犯了别人。如果发生这样的事情，真诚地道歉就可以了，不必太动感情。表达出你想表达的歉意，然后继续进行工作。将你所犯的错误当成件大事只会扩大它的破坏作用，使得接受道歉的人更加不舒服。

职场内：装傻兵法

☿ 职场招数中的"装傻"心得

核心提示：所谓大智若愚，真正的智者是不会在人前炫耀卖弄自己的才思的。而且在不熟悉职场关系的情况下，装傻是最好的保护自己的方法。

装傻兵法，就是教你克敌之术，在职场中助你像杜拉拉一样如鱼得水。今天教给你的职场兵法，正是"傻"人心计。装傻，可以说是职场人常用的处世之道，也被推崇为高明的处世之道。只要你懂得装傻，你就并非傻瓜，而是大智若愚。

职场装傻就是对于和工作有关的事情，明明知道，但装作不知道；或者明明很聪明，明明会干这件事情，装作不会干这件事情，既不炫耀自己的聪明才智，也不反驳对方所说的话。装傻能缓和气氛，消除尴尬，增加幽默，化解危机，重要的是可提升个人形象，让你在职场如履平地。

现在给你呈现一个关于"职场装傻现状"调查的结果：在接受关于职场"装傻"调查的 400 名上班族中，有 55% 的人承认自己在职场当中偶尔"装傻"。他们认为这有利于上下级和同事之间的相处。

职场内：各种性格同事或领导相处法则

这是一种把性格分成七大类的方法，来看看你的上司、同事或下属具有哪些性格特点？

☼ 完美者

人物素描：他常抱怨事情太多，但努力和认真才是他的本色。注重细节，即使做了领导，也事事亲为。他从不迟到，做事不拖拉，办公桌永远很整洁。

沟通技巧：如果他是上司，别在他面前吹嘘自己。汇报工作时，最好把来龙去脉解释清楚，让他感觉你认真仔细；如果他是下属，尽量不要让他处理突发事件，这会让他很愤怒。

☼ 促动者

人物素描：典型工作狂，总是在往前冲。做事讲效率，为达目的，不惜用各种手段。

沟通技巧: *如果他是上司,永远不要去抢他的风头;如果他是下属,最好经常向他暗示升职、加薪,这会让他成为一个坚定的执行者,排除万难,达成目标。*

☿ 思想家

人物素描: 喜欢卖弄知识,讨厌没有深度的人。热衷宇宙哲理,对自己的想法很执着。对人彬彬有礼,却交情不深。

沟通技巧: *如果他是上司,不妨怀着请教的心态和他打交道;如果他是下属,可以将搜集资料的任务交给他,他还适合做独立完成的工作。*

☿ 忠诚者

人物素描: 性格矛盾,让人难以捉摸。有时可爱,有时暴躁,有时像权威,有时优柔寡断。

沟通技巧: *如果他是上司,你要尽量表现负面的思维方式,他会认为你谨慎、负责;如果他是下属,不妨把危机事件交给他处理,他总是冷静迅速地寻找方案。*

> 最近上司总是对我不满,不知道我到底哪里做得不对,该怎么办呢?

63

☿ 多面手

人物素描: 喜欢变化,认为享受才是生活的意义所在。被人限制自由是最愤怒的事情,爱吹牛,喜欢说俏皮话,胆子很小,有些敢做不敢当。

沟通技巧: *如果他是上司,不必把他所有的主意当真,选择可执行的,让他拍板;如果他是下属,有弹性的空间会让他更有工作激情。*

☿ 指导者

人物素描：渴望权力和掌控感，做事很有效率，爱帮助别人，虽然经常让人觉得有被强迫感。他爱争论，相信优胜劣汰、适者生存，让人觉得有压力。

沟通技巧：*如果他是上司，你得让他觉得你是忠诚的追随者，他会真诚地保护你；如果他是下属，可能会让领导不舒服，因为过于霸气，也不太顾及别人的感受。*

☿ 和事佬

人物素描：性格温和，不爱邀功，喜欢听别人的意见，不主动谈自己的想法。

沟通技巧：*如果他是上司，不要去制造矛盾和冲突，把观点详细地说出来，然后去执行；如果他是下属，把他放在鼓励者的位置，激发整个团队的信心。*

职场内：必懂的人情世故

☿ 职场人必须懂的人情世故

职业流：作为礼仪之邦，讲究"仁、仪、礼、智、信"，五常，其中"礼"又是儒家思想最经典、最辉煌、最重要的一项。古人又云："世事洞明皆学问，人情练达即文章"。所以要懂得人情世故，最重要的一点就是要做到"礼"。身在职场更应该"礼"通人情世故，这样会更有利于职业生涯的发展。下面来谈谈职场人必须要懂的15个人情世故。

（1）在受到别人对自己的相貌、事情、人品赞扬时，不要

表现出理所当然的样子，也不要假意否认，合适的方式是表示感谢，尤其感谢朋友的肯定与支持。

（2）即使不是对大人物，我们也要用请教的态度口吻而不是傲慢的姿态与他们说话，因为人不可貌相，很多实用的良师益友往往来自不起眼的生活与工作中。

（3）经常找到朋友、伙伴与同事（甚至小孩子）值得肯定的方面，注意哦，即使老板也需要被你肯定，但是对上者的赞扬应尽量在私下场合，而对于一般朋友与同事则应公开赞扬。

（4）在吃饭的场合做主动点菜者，不适合请主人与主宾点菜，因为那不是尊贵者通常做的事情，但是请注意询问他们的喜好，而不是只管点自己爱吃的东西。但是这需要平时研究菜单，积累点菜的经验。上桌的时候要尊重主人的安排，不要贸然先行入席。

（5）学会使用便条，包括借条、领条、请假条、申请信，如果你很主动地使用这些便条会让其他人感到你很规范，而且如果你懂得请其他人这样做，你未来就能更好与他们有凭有据地打交道。会写便条会让别人刮目相看。

（6）虽然你觉得你是新手或者地位比较低的人，但是你要勇于不耻下问，也要做到主动询问别人的需要，而不要等领导或者资深的同事对你表现出亲和，因为他们这样表现往往需要特别的努力。

（7）即使你不是服务人员，在朋友或者同事有客人来的时候主动倒水，会让朋友与同事很有面子，也会让客人觉得你的朋友与同事很有威望。这会让你的朋友与同事特别感谢你的姿态。

（8）记得在别人不在座位的时候很热情地帮助接听与记录电话、接受信件、传递信息，对团队的同事与同学，提醒他们一

些你知道的重要日程。

（9）出席别人的活动需要有邀请，如果不能出席应提前通知，迟到的话要在适当的时间点上通知主人，到了以后要解释，带未经邀请的朋友要事前通知主人。

（10）在有多个出席者的场合，主动介绍自己的朋友给其他人，或者主动在你认识的朋友之间穿针引线。那些被缓解了陌生感的朋友会特别感谢你。

（11）不适合向别人索要礼物，收到别人的礼品不管是不是喜欢要表示感谢，因为送礼者会很在乎你的反应，不适合把一处的礼物转送给另一处，尤其还保留原来送礼者的符号与痕迹就显得很没有礼貌了。

（12）有不同地位的朋友在的场合，都要保持微笑，体贴地招呼下那些内向的、不为人注意的、可能有点自卑感的朋友，在社交中对弱势者的帮助会得到别人特别的感激。对于社会地位较低者，尤其在有你不能适应的生活条件与生活习惯时，要克制自己所想表现出的不适感与负面表情，尽量主动先打招呼。

（13）好汉不吃眼前亏。但是在另外很多时候，如果问题争执不下，也不要继续火上浇油，冷静下来，多收集一些数据材料与想得更明白点再说。

（14）有好东西吃的时候不要吃独食，主动地告诉他们你知道的好消息，在有好事情的时候能想到别人会让别人觉得你把他们当好朋友。

（15）在你不能有充分把握的时候，用"争取"与"尽量"这样的口吻回答别人的邀约，承诺了就要最大限度去履行。诺言是指100%做到的事情。如果你有了三次甚至更多的对同一个人没有履行诺言的记录，那个人通常就不再认真地对待你的约定，这就是所谓的信用问题。

稳保
职场地位

稳保职位：基础法则

　　保住你的职场地位。要牢记的职场法则，公司中的人员不断调整，新员工入职，老员工辞职，什么方法能够让你稳中有升？常立于不败之地呢？你要努力成为具备以下几种能力的人。

¤ 成为不可缺少的人

　　公司里，老板宠爱的都是些立即可用并且能带来附加价值的员工。管理专家指出，老板在加薪或提拔时，往往不是因为你本分工作做得好，也不是因你过去的成就，而是觉得你对他的未来有所帮助。身为员工，应常扪心自问：如果公司解雇你，有没有损失？你的价值、潜力是否大到老板舍不得放弃的程度？一句话，要靠自己的打拼和紧跟时代节拍的专精特长，成为公司不可缺少的人，这至关重要。

¤ 寻求贵人相助

　　贵人不一定身居高位，他们在经验、专长、知识、技能等方面比你略胜一筹，也许是你的师傅、同事、同学、朋友、引荐人，他们或物质上给予或提供机会或予以思想观念的启迪或身教言传潜移默化。有了贵人提携，一来容易脱颖而出，二则缩短成功的时间，三是不慎办砸了事能有所庇护。

✡ 建立关系网络

社会上，一些专业能力等硬件未必很好的人却能出人头地，不少人是得益于人际交往能力。单位里亦如此，建立关系网络，就是创造有利于自我发展的空间，努力得到别人的认可、支持和合作。如何增加"人际资产"呢？组织中不乏以兴趣、爱好、同学、老乡等关系结成的"小团体"，争取成为其中一员；热情帮助别人，广结善缘；诚实、信用、正直是赢得信赖和敬佩的基础。

✡ 不要将矛盾上缴

多年前，一位资深前辈曾告诫说，向领导汇报时要切记四个字："不讲困难"。据传说，古代信使如连续报来前线战败的消息，就有砍头的危险。老板每天都面对复杂多变的内外部环境，要比员工遭遇更多的难题，承受更大的压力。将矛盾上缴或报告坏消息，会使老板的情绪变得更糟，还很有可能给他留下"添乱、出难题、工作能力差"的负面印象。

✡ 忌发牢骚

《组织行为学》的理论说，人在遭受挫折与不当待遇时，往往会采取消极对抗的态度。牢骚通常由不满引起，希望得到别人的注意与同情。这虽是一种正常的心理"自卫"行为，但却是老板心中的最痛。大多数老板认为，"牢骚族"与"抱怨族"不仅惹是生非，而且造成组织内彼此猜疑，打击团体工作士气。为此，当你牢骚满腹时，不妨看一看老板定律：一、老板永远是对的；二、当老板不对时，请参照第一条。

✡ 善于表现、适时邀功

不要害怕别人批评你喜欢表功，而应担心自己的努力居然没

69

被人看到，才华被埋没了。想办法做个"有声音的人"，才能引起老板的注意。向老板汇报，要先说结论，如时间允许，再做细谈；若是书面报告，不忘签上自己的名字。除老板以外，还要将成绩设法告诉你的同事、部属，他们的宣传比起你来效果更佳。会议是同事、主管、老板及顾客之间不可多得的沟通渠道，会议发言是展现能力和才华的大好时机。

稳保职位：《论语》战术

职场如战场，很多人在里面搜索枯肠、费尽心智，既要逢迎引导用意，又要搞好共事关系，因此往往需要学习一些职场之术。实在孔夫子早在两千多年前的《论语》中就已经教给了我们很多做人处事的情理，这些在今天的职场中同样实用。

☆ 小不忍则乱大谋

"小不忍则乱大谋"，这句话在民间极为风行，甚至成为一些人用以告诫本人的座右铭。有抱负、有幻想的人，不应琐屑较量个人得失，更不应在小事上纠缠不清，而应有开阔的胸怀和弘远的抱负。只有如斯，才干成绩大事，从而实现自己的幻想。在职场中，往往有许多名义上看起来是吃亏的事情，比方工作的调动，环境的变迁等等。面对这些事情，我们应该做到可能泰然处之，

"小不忍则乱大谋"，心怀宽阔，眼光放远一些。看这些事件对自己的久远发展是否有利，而不去做血气之勇。

¤ 众恶之，必察焉；众好之，必察焉

孔子说：大家都讨厌的（人或事），一定要去考察一下（才能决定你是否也去讨厌它）；大家都喜欢的（人或事），一定要去考察一下（才能决定你是否也去喜欢它）。

即不能人云亦云，不能跟风，凡是要有自己的独立思考与判断。这句话含有两方面的意思，一是阐明了决不亦步亦趋，不中流砥柱，不因世人的长短标准影响自己的判定。要经由自己的独立思考和感性的断定，而后做出论断；二是一个人的好与坏不是相对的，在不同的情势、不同的人们心目中，往往会有很大的差异，所以应该用自己的尺度去评判他。领导往往观赏的是有个性、有主意的年轻人，这样的人能力独当一面，今后才能有更好的发展。

71

¤ 工欲善其事，必先利其器

"磨刀不误砍柴工"的道理早已被人们所熟知。在职场中，要想谋取一个更好的职位，你必须在之前做充足的预备，把自己各方面的才能锤炼好，只待机会一到，立刻就能担负重担，而且还能做得很杰出。"机会只青睐有筹备的人。"

¤ 人无远虑，必有近忧

身处这个信息时期，社会工作的一个特色就是各种节奏很快。常识系统跟技巧的更新速度之快，要求咱们一直地学习新的货色，按时"充电"。即

便身处一个比拟安适的环境，也应当"居安思危"，斟酌当前局势的变动对本身发展的影响。如果不思进取、得过且过的话，总有一天会被淘汰。

☼ 躬自厚而薄责于人，则远怨矣

人与人相处未免会有各种矛盾与纠纷，为人处事应该多替别人考虑，多从他人的角度对待问题。所以，一旦产生了抵触，应该多做自我批驳，而不能一味责备他人的不是。责己严，待人宽，这是保持良好、协调的人际关系所不可缺乏的原则。

职场中人与人相处并不像有些人说的仝都是明争暗斗、欺上瞒下，很多时候仍是需要真挚相处的。同事之间产生了矛盾，不要唇枪舌剑、一味地去挑对方的弊病，那样只会损害同事之间的情感，无利于职场和气。首先应该检查自我一下，自己是否有什么错误，是否对对方造成了伤害，站在他的态度上审阅自己。多一些宽容，少一些非难，对人对己都是有利的。

> 按他的方案执行会更好吗？也许我应该站在他的角度多想想！

☼ 中庸之为德也，其至矣乎

中庸是孔子和儒家的主要思维，尤其作为一种道德观点，是孔子和儒家尤为倡导的。中庸属于道德行动的评估问题，也是一种德行，而且是最高的德行。宋儒说，中庸之道谓之中，平常谓庸。中庸就是不偏不倚的平凡的道理。中庸又被懂得为"中道"，"中道"就是不偏于对立双方的任何一方，使双方保持平衡状况；中庸还能够称为"中行"，"中行"是说人的举止、德行都不偏

72

于任何一方，对峙的双方相互牵制，互相弥补。总之，中庸是一种调和协调的思维。

不偏不倚与没有原则、随声附和不同，这是一种必要的和谐必不可少的关联。在职场中很多时候往往需要这种为人处事的立场，由于职场也是一个大家庭，假如一味地讲求个性，不集团配合意识，会搞得一团糟，也不利于群体的发展。因而，在不违反准则的情形下，坚持一个中庸之道，确切在是理智之举。

稳保职位：装傻战术

装傻分为两种：一种是为别人装傻，一种是为自己装傻。

♀ 怎样为别人装傻

情况一，替上司装傻

有时候客户怒气冲冲地杀进办公室"把你们老板叫出来"，你的回答应该是"您息怒，我们老板不在"。"把你们经理负责人叫过来"，你的回答应该是"对不起，我们经理负责人也不在"

再有时候老板有一些不想接的电话，比如说追账的、找茬的，这时候你作为下属就要帮着老板来"装傻"了。老板接到这种电话，结果一听对方报了名就挂了，然后就让秘书帮着接电话，秘书这时候就要跟对方解释说，刚才接电话的是张三、李四，反正不是我们老板，我们老板不在。

情况二，为同事装傻

如果老板让你汇报最近员工的情况，那你就要有选择地说了，对于非原则性问题，比如某人有迟到、偷睡觉现象，你就得在上司面前帮同事找个借口糊弄过去。这也是有利于上下级、同事之间关系的和睦融洽，顾全大局，消除尴尬，建立和谐型办公氛围，同时也是在职场里想要如鱼得水而采取的一种迂回的处世之道，当然这也可以提升自己在别人心目中的形象，就是给别人传递一种自己是个好人的形象。

☼ 怎样为自己装傻

其一，韬光养晦，谨防小人

在职场中，你不露锋芒，可能永远得不到重任；你锋芒太露却又易招人陷害。做人切忌恃才自傲，不知饶人。锋芒太露易遭嫉恨，虽容易取得暂时成功，却为自己掘好了坟墓。当你施展自己的才华时，也就埋下了危机的种子。所以才华显露要适可而止，既有效地保护自我，又能充分发挥自己的才华。有句话说"花要半开，酒要半醉"，凡是鲜花盛开娇艳的时候，不是立即被人采摘而去，也就是衰败的开始。在职场中最重要的技巧就是适时"装傻"：不露自己的高明，更不能纠正对方的错误。职场中"小人"有的是，正所谓明枪易挡，暗箭难防。

其二，吞下委屈，化为动力

职场上的确有不辨是非的时候，作为职员，工作中受点委屈是很正常的事。此时，与其在那儿怨天尤人，不如学会化委屈为动力，因为还有比委屈更为重要的事，比如您在职场的生存和发展。上司批评你"工作是怎么做的？看看小王的设计多精彩"。可有谁知道小王是剽窃了你的创意，没有揭穿的证据，那你就更加努力吧，这就成为你更加出色的反动力。正所谓吃亏是福。

装傻也是要有演技的，那什么时候演，什么时候不演呢？在职场中，要正事聪明些，小事糊涂些。正事就比如本职工作、领导交办、公司目标等；或是自己的正事，如合同、薪水、待遇、升迁等，这些事都需要清楚些。还有，要工作聪明些，关系糊涂些。对自己的工作一定要清楚，不能含糊，"大概、可能、好像"尽可能不要说；在处理人际关系上，变数很大，非常微妙，还是做和事佬、少表态，不背后议论他人，难得糊涂些好了。

在职场上，总把自己当最聪明的人，一定是做龙套的命。真正聪明的高手，是大智若愚，该精明时精明，不该精明时装傻。这就是职场中的"傻"人心计。

稳 保 职 位：避 免 被 边 缘 化

✕ **法则一：被边缘化后立即主动出击**

产生职场边缘化的原因有很多种，不外乎外部和内部之分，外部原因主要公司人事变动带来的结果，或者由行业结构和公司业务的调整所引发，或者由一些突发的事

件导致；内部原因完全和个人因素有关，可能是知识更新的问题或者个人的工作心态和情绪变化导致了边缘化的产生。短时间看

> 有时候没有到最后，别轻易给自己做出成功或失败的结论

职场边缘化是一种结果，但从漫漫职场路而言这真的只是一个过程。所以千万不要把边缘化看成是一种"末路"，或许这是"拯救"自己的唯一出路。

比如，Amand 曾经是某培训公司最顶尖的培训师，一直是公司捧在手心里的宝贝，但从今年上半年开始 Amand 的工作量明显减少，而且公司销售主推的课程也不是 Amand 的核心内容，渐渐地 Amand 发现公司有意在培养一个新人，而自己慢慢地就边缘化了。为此她很苦恼，但好强的 Amand 并没有由此气馁，而是利用宝贵的"空闲"去更新自己的培训内容，她等待着重新回到主战场，无论是老东家还是新东家。

✡ 法则二：守住自信提升价值

身在职场，要时刻清醒认识自己的价值，无论是在最风光的那一刻，还是在最失落的那瞬间。只有对自己的信心不变，那么才不会被所谓的"江湖地位"而左右自己。用自己的价值说话，这是职场发展的永恒定律。

Sammy 曾是一个美丽的海归，初进公司的时候被上司推崇备至，她本人也如鱼得水，工作效率极高而且业绩出色。4 年后她的上司跳槽，新上司对她防备重重，甚至在很多时候有意排挤，Sammy 失去了核心位置，渐渐地也被边缘化了。在内心最纠结的时候，Sammy 为自己写了清单：强项和弱项，并理性地分析自己去留的得失。经过这番评估后 Sammy 发现自己的学历和工作经验

是很有优势的，此地不留人更有留人处，于是她没有被边缘化的阴霾所笼罩，相反自信满满地自荐去一家实力更强的公司，成功完成了更上一层楼的心愿。

☿ 法则三：脱胎换骨重振威风

职场边缘化通常有 3 种表现形式。第一，被打入冷宫后不被重视还受到排挤；第二，远离核心业务处于自生自灭的状态；第三，逍遥在外无所重任。无论是出于哪一种形式，心态最重要。好的心态或许能将劣势变优势，将困境当磨难。

好强的 Tom 不幸成了公司权利斗争的牺牲品，本来仕途很好的他一下子成了边缘人物，思量后 Tom 决定不如接受考验去分支机构一切从头开始。渐渐地 Tom 这里发展的空间很大可以自由发挥，于是他带领团队开始拼搏。令人意想不到的是他的外贸业绩越来越好，当金融危机来临的时候，公司核心业务受到了猛烈冲击，他的边缘业务却有声有色，甚至成了公司的"奇葩"。

☿ 法则四：自得其乐于边缘生活

被职场边缘化的人已不是少数，但能享受边缘化生活的人却不是很多。过去几年 Joana 一直天真地以为自己是公司里最不能缺少的那个人，所以为公司没日没夜的工作，甚至不惜影响了自己的健康。但风水轮流转，有一天她突然被调岗，去了公司最不繁忙也不重要

因为新来的上司不太看重我，我才总算有时间学了车，体验驾驶的乐趣！

77

的部门。

　　Joana 的失落人人看得见，后来她在朋友的开导下调整了心态，她决定享受不用加班不用出差的日子，甚至她还报考了交通大学的 EMBA。虽然在公司不再是红人，但 Joana 的生活变得丰富多彩了，她有了更多的朋友，更多的娱乐生活，把以前在重压之下的焦虑烦躁一扫而光，连脸上的皮肤都像换了一个人。现在 Joana 马上就要拿到 EMBA 证书了，她很得意拥有了这段边缘生活："这是上帝让我调整一下自己"。

升职
黄金战略

晋 升 基 本 法 则

✡ 让老板看见你在做事

晋升对每个人都很重要，也是每个职场人的目标和动力。但是，晋升是个双向选择的过程，一方是下级想晋升，但是否具备晋升的条件；另一方是上级是否需要提拔人才，同时是否有可以提拔的人才。如果当两方观点一致，下级想晋升，且条件充足，同时上级正好需要提拔人员，同时你又能满足上级的要求，晋升也就是顺理成章的事。对此，台湾作家黄明坚有一个形象的比喻、"做完蛋糕要记得裱花。有很多做好的蛋糕，因为看起来不够漂亮，所以卖不出去。但是在上面涂满奶油，裱上美丽的花朵，人们自然就会喜欢来买。"除非你打算继续坐冷板凳，蹲在角落里顾影自怜，否则，每当做完自认为圆满的工作，要记得向老板、同事报告，别怕人看见你的光亮；当有人来抢夺属于你的功劳时，也要坚决捍卫。总之，要让老板知道你做的事，看到你的工作成果。如何能够让老板知道这一切呢？这需要一些智慧。

1. 要学会顺理成章适时展示自己的"功绩"

很多人认为邀功是不够谦虚的表现，但是职场不是课堂，不是得了一百分切记不要骄傲的学生时代，职场需要邀功来让上司和同事对你刮目相看，从而为自己的晋升之路奠定基础。因此要学习用不过于积极或刻意的方式来"自吹自擂"，这可不是件简单的事情。自己做了很多事情，就要被别人知道。很多职场人士，工作十分出色，功绩也"蔚为壮观"，也许他的待遇很优厚，同事很欣赏，但却不一定会平步青云，这时就要改变自己的"低调"策略。一旦有机会，每个人都可以用一种间接、自然的方式表彰

80

自己的功劳。若是不习惯自我推销，也可请别人从客观的角度助自己一臂之力。你会发觉，不露痕迹地让人注意到你的才干及成就，比敲锣打鼓地自夸效果更好。意识到这一点，你离晋升就不远了。

2. 我的就是我的，要学会看紧那些自己创造的功劳

玛丽是个很有才华的女孩子，在第一份工作中她十分努力，第一次策划就被经理赞为"有创意，很新颖"。但是令她意想不到的是，一位处处都帮助自己的好朋友同事，竟然将自己的策划窃取并提前交给了领导，当玛丽的策划交上去时，领导因为玛丽的"不诚实"而勃然大怒。玛丽像是吃了黄连一样难受。后来玛丽接了一个很重要的案子，她暗下决心要将其做得完美。这次她做了两个方案，在那位好朋友同事面前，只做方案一，自己上交的却是方案二，这样那位同事露出了尾巴，玛丽在经理面前也"翻案"了。但她却深呼一口气，决心以后要好好看紧自己的功劳。

3. 面对同事与自己争功，要保持淡定，沉着应对

当自己呕心沥血地为公司做出一些贡献后，这时，别人却要将其据为己有，面对这种情况，你该怎么办？不妨用用短信澄清事实，目的是要委婉地提醒一下对方，自己当初随便提出的想法，是怎样演变到今天这个令人欣喜的样子，也可以尝试夸赞夺功的人，然后重申功劳的主人。

> 在工作时间只做工作内的事情，让我更有效率，也让老板看到我对待工作的认真严谨态度

4. 当自己卷入一场无果的战争时，要先全身而退

功劳有的时候要争，有的时候要表，有的时候也要放弃。在作出决定时，要考虑打这场"官司"得花费多少

精力。如果你正在准备一次重要的提升，或者证明"所有权"只能使你疲惫不堪，再或者也许还会让你的上级生气，让他们纳闷你为什么不能用这个时间来做点更有意义的事情，那么在这种情形下，你的退出也许才是明智之选。

总之，以上做法都是为了使上司看到自己的工作、能力和功劳，一切为晋升，为自我价值的实现。

☒ 经常思考总结，如何优化创新

☒ 术业有专攻，不要做"杂工"

乔布斯曾问百事可乐总裁约翰·斯考利："你想改变世界，还是想卖一辈子汽水？"就因为乔布斯这句话，约翰·斯考利离开了百事而加盟苹果。但是，这位在百事非常成功的高手，到了苹果后却一直表现平平，更别提改变世界了。

所以，职场专家认为，大多数人基本上只能在一个领域里成为专家，不可能在多个领域里都成为专家。找不到方向的船，什么风都是不利的。只有找到自己的方向，在一个领域内静下心来，脚踏实地地努力，才能真正成功。

☒ 不断学习，储备能量

现在的社会是飞速发展的社会，每一天都在变化。形势在变，公司也在变。如果我们只能墨守成规，做一个职位上的熟练工，那么你永远也只能是个熟练工，晋升也永远离你那么遥远，可望而不可即。时代时刻在变，知识永无止境。不断学习，不断提升充实自己，我们才有与别人一较高下的资本，才能在机会到来时把握住机会，不至于与成功擦肩而过。

我们这里所说的学习，不仅是技能方面硬实力的学习，也包括软实力的学习。一些例如喝酒、唱歌、沟通能力等职场必备的软实力，也是我们需要不断学习提高的。

☼ 主动做事，不要仅限于本职工作

很多人工作喜欢正常上下班，多一秒钟都不愿意在公司里待着。他们每天只守着领导交下来的任务工作，只要任务完成了，能少做一点是一点。这种现象其实是很可怕的，极有可能让你"在安乐中慢慢死去"。如今的社会不再是一个平静祥和的社会，职场更是充满竞争和危机的江湖。每一天，都会有人想往上爬，也总会有人会因利益而不断努力奋进。在职场中，我们能坐的都只是一条逆流而上的船，不进则退。如果我们不努力创造条件升职或发展自己，一味满足于现在的生活，混日子，混时间。有一天，你会发现，除了工龄较长外，你没有任何更突出的优点。而且，手头的这份工作，新人们花点时间与精力就可以取代，所以，这样一定会被淘汰。

虽然老板很重视我这个研究生毕业的新员工，但我还是一刻也不敢放松自己

83

☼ 维护良好人际关系

职场人际关系是我们不得不重视并处理好的一门学问。即使你拥有很高的能力，即使你再怎么努力，如果没有良好的人际关系，晋升还是与你无缘。一览英才网职场专家苏志浩总结了四个要点，能有助于建立良好的人际关系。

第一，真诚。真诚是打开别人心灵的金钥匙，把自己真实的想法与同事领导真诚地交流，才能更容易拉近距离。

第二，热心。助人为乐是中华民族的传统美德。当身边的同事遇到困难时，我们能多热心一点，多给予一些帮助，就能迅速

地培养起良好的人际关系。

　　第三，主动。在职场人际交往中，主动非常重要。见到同事时，主动问好，能使同事感到受重视的感觉，也会显得自己很尊敬同事。

　　第四，中立。在同事讨论别人的八卦或产生矛盾的时候，我们应该保持中立。随意评价他人或在同事产生矛盾时帮助任意一方，煽风点火，都不利于我们的人际关系。

晋升注意事项及日常工作小tips

☼ 潜规则1：不要苛求百分百的公平

　　显规则告诉我们要在公平公正的原则下做事，潜规则却说不能苛求上司一碗水端平，尤其是老板更有特权。

　　孙小明刚进公司做计划部主管时，除了工资，就没享受过另类待遇。一个偶然的机会他得知行政主管赵平的手机费竟实报实销，这让他很不服气，想那赵平天天坐在公司里，从没听他用手机联系工作，凭什么就能报通讯费？不行，他也要向老板争取，于是孙小明借汇报工作之机向老板提出申请，老板听了很惊讶，说后勤人员不是都没有通讯费吗？"可是赵平就有呀！他的费用实报实销，据说还不低呢。"老板听了沉吟道："是吗？我了解一下再说。"

　　这一了解就是两个月，按说上司不回复也就算了，而且孙小明每月才一百多块钱的话费，争来争去也没啥意思。可是偏偏他就和赵平较上劲了，见老板没动静，他又生气又愤恨，终于忍不住和同事抱怨，却被人家一语道破天机："你知道赵平的手机费

是怎么回事？那是老板小秘的电话，只不过借了一下赵平的名字，免得当半个家的老板娘查问。就你傻，竟然想用这事和老板论高低，不是找死吗？"

孙小明吓出一身冷汗，暗暗自责不懂高低深浅，怪不得老板见了自己总皱眉头，从此他再也不敢提手机费的事，看赵平的时候也不眼红了。

场外提示：

一味追求公平往往不会有好结果，"追求真理"的正义使者也容易讨人嫌，有时候，你所知道的表象，不一定能成为申诉的证据或理由，对此你不必愤愤不平，等你深入了解公司的运作文化，慢慢熟悉老板的行事风格，也就能够见惯不怪了。

☼ 潜规则 2：莫和同事金钱往来

显规则告诉我们同事间要互相帮助团结友爱，潜规则却说不是谁都可以当成借钱人。

一种叫作"同事"的人际关系，阻碍了职场里的资金往来。

客户主任 SUNNY 就曾当了一次尴尬的杨白劳！那次时值月底，正是她这种月光女神最难挨的痛苦时光，偏偏又赶上交房租，囊中羞涩的 SUNNY 只好向同事 LILY 求助，第一次开口借钱，LILY 自然不好拒绝，很痛快地帮她解了燃眉之急，可是 3000 块钱也不是一时就能还清的，拮据的 SUNNY 只好一次次厚着脸皮请人家宽限，最后一次，LILY 回答 SUNNY 说不着急，前几天给女儿交学琴费倒是用钱，不过我已经想了办法。SUNNY 没心没肺地连声道谢，过后就被"好事者"指出其实人家是在暗示你还钱呢，再说了，你满身名牌会还不起这 3000 块钱，谁信？话里话外都在影射 SUNNY 的赖账。SUNNY 心里别提多么不舒服了，第二天马上找到同学拆墙补洞，才算暂把这一层羞给遮住，至于日后是否留下不良口碑，SUNNY 却是想也不敢想了。

新入职场TIPS 生存兵法

场外提示：

的确，谁让这年头时兴本末倒置，欠账的是爷，赊账的是孙子呢！"同事"是以挣钱和事业为目的走到一起的革命战友，尽管比陌生人多一份暖，但终究不像朋友有着互相帮衬的道义，离开了办公室这一亩三分地，还不是各自散去奔东西。

所以如果不想和同事的关系错位或变味，就不要和同事借钱。

☼ 潜规则 3：闲聊天也要避开上司的软肋

显规则告诉我们"言及莫论人非"，潜规则将其深化成"言及莫论人"，因为少了一个"非"字，也就少了失言的机会。

总公司的市场经理 MONICA 初次来办事处指导工作，中午请部门同事一起吃饭，席间谈起一位刚刚离职的副总王琳，入职不久的 LINDA 说王琳脾气不好，很难相处。MONICA 说"是吗，是不是她的工作压力太大造成心情不好？"LINDA 说"我看不是，三十多岁的女人嫁不出去，既没结婚也没男朋友，老处女都是这样心理变态。"

闻听此言，刚才还争相发言的人都闭上了嘴巴。因为，除了 LINDA，那些在座的老员工可都知道：MONICA 也是待字闺中的老姑娘！好在一位同事及时扭转话题，才抹去 MONICA 隐隐的难堪，而事后得知真相的 LINDA 则为这句话悔青了肠子。

场外提示：

都说言多必失，可言少也不一定没有失误，如果在错误的时间错误的地点和错误的对象说了一句涉及具体人事的大实话，那后果真的堪比失言。

☼ 潜规则 4：不要得罪平庸的同事

显规则告诉我们努力敬业的同事值得尊重和学习，潜规则却拓宽了"努力"与"敬业"的外延，说懒散闲在的同事也不能得罪。

原以为外企公司的人各个精明强干，谁知过关斩将的魏莹拿到门票进来一看，哈哈！不过如此：前台秘书整天忙着搞时装秀，销售部的小张天天晚来早走，3个月了也没见他拿回一个单子，还有统计员秀秀，整个一个吃闲饭的，每天的工作只有一件：统计全厂203个员工的午餐成本。天！魏莹惊叹：没想到进入了E时代，竟还有如此的闲云野鹤。

那天去行政部找阿玲领文具，小张陪着秀秀也来领，最后就剩了一个文件夹，魏莹笑着抢过说先来先得。秀秀可不高兴了，她说："你刚来哪有那么多的文件要放？"魏莹不服气："你有？每天做一张报表就啥也不干了，你又有什么文件？"一听这话秀秀立即拉长了脸，阿玲连忙打圆场，从魏莹怀里抢过文件夹递给了秀秀。

魏莹气哼哼地回到座位上，小张端着一杯茶悠闲地进来："怎么了MEIMEI，有什么不服气的？我要是告诉你秀秀她小姨每年给咱们公司500万的生意……"然后打着呵欠走了。

下午，阿玲给魏莹送来一个新的文件夹，一个劲儿向魏莹道歉，她说她得罪不起秀秀，那是老总眼里的红人，也不敢得罪小张，因为他有广泛的社会关系，不少部门都得请他帮忙呢，况且人家每年都能拿回一两个政府大单。魏莹说："那你就得罪我呗"阿玲吓得连连摆手："不敢不敢，在这里我谁也得罪不起呀。"

> 不要看轻任何一个同事，任何人都可能有比人看不到的优点。

魏莹听了，半天说不出话来。

场外提示：

其实稍动脑筋魏莹就会明白：老板不是傻瓜，绝不会平白无故地让人白领工资，那些看似游手好闲的平庸同事，说不定担当着救火队员的光荣任务，关键时刻，老板还需要他们往前冲呢。所以，千万别和他们过不去，

实际上你也得罪不起。

☒ 潜规则 5：给上司预留指导的空间

显规则告诉我们升职加薪需要自己努力工作靠真实才干获得，潜规则却说做事要多请示上司，功劳要想着分给上司一半，莫要埋没领导的支持和指导。

人力资源专员袁晓敏入职三年，能干又努力，工作认真做事漂亮，人缘佳，但奇怪的是尽管工作出色，可仍旧原地踏步，难上青云，倒是那些不如她的同事却接二连三地升了职。

没错，她袁晓敏是能干，但上司就是不喜欢她。为什么？在小节上从不顾及上司感受：比如每次开会老板都指定袁晓敏做会议记录，袁晓敏整理出来后从来不会让直接主管李虹过目就直接上交老板，因为老板夸她有生花的文案整理功夫呀。她帮其他的部门做事，从不事先请示李虹是否还有更重要的工作分配她做，就自行接下，也不管这会不会留下什么隐患，所以她是得到了好口碑，李虹倒显得有些小气。部门要买个投影仪，李虹让她询价做性价比，然后准备购买一台，袁晓敏拿到供应商资料后多方比较，自作主张就订了货，还对李虹说出一大串理由，好像她做事是多么的圆满。

在看到又一个同事加薪升职后，袁晓敏叹道"唉，上司真是瞎了眼了。"

场外提示：

其实上司一点也不瞎，人家心里亮堂着呢。不管你承认不承认，那些表现出色，从不出事，也不需要老板来指点的人，并不一定能得到重用和认可，甚至上司并不喜欢，因为面对你的完美，上司无法发挥他的指导，无法显示他的才干，而你也就不会和进步或改正什么的词挂钩，这时候，完美就是你的缺点。

倒是那些大错不犯小错不断又喜欢和上司接近的人却容易获

得更多的机会，因为他给老板预留了发挥的空间，让上司很有成就感，即便日后升了职也会被骄傲地冠名为"我培养出来的"。有时候，满足一下上司的虚荣心也算剑走偏锋的一招。

✪ 潜规则6：用脑子听话

显规则告诉我们要用耳朵听话，用嘴巴沟通，潜规则却说要用脑子听话，用眼神沟通。

刘婷是行政部职员，初来乍到，一身稚气，不知公司两位高层徐副总和王副总是面和心不和，徐副总同意的事，王副总有意见，反之亦然。公司不大，所以行政部有时候也兼做些类似秘书的工作。

那次给老板写年终报表分析，王副总让刘婷先按他设计的表格做报告，过两天徐副总问刘婷有没有什么格式，刘婷就把给王副总的那份报告给了他参考，此举让王副总非常不快，嘴上没说什么，却冷冷地把刘婷叫进来让她按自己的思路重新设计表格、重新做报表，还开玩笑般不冷不热地加了一句"这可是有知识产权的，要保密哟"，闹得刘婷一头雾水。

后经资深高人点化，才知原来二总相争已非一日，大到争权争利争人缘，小到争外出公车的品牌，都要显出个人的身价。所以身为他们的下属，一定要口风严，都不能得罪，徐副总的话没错，王副总的意见也没错，这时候你不光要用耳朵，还要用脑子。

刘婷这才知道自己碰到了只可意会不可言传的事，暗叹公司的运作与生存艺术实在不同凡响，身为下属向左走还是向右走，就看脑子做出的判断对不对了。

赵丽丽是王副总的小表妹，那次在给客户做培训时不小心砸

听到耳朵里的话一定要用脑子好好想想再行动。

89

坏一个价值 8000 元的机头，当着徐副总的面，王副总皱着眉头严厉地对刘婷说："要查，要按公司规定罚款，决不能敷衍了事。"刘婷这次可学乖了，先是查找能够遵循的公司制度，然后给行政部出了个方案：扣发一个月奖金。奖金嘛，一个月不到 1000 块，当然比不上 8000 元的机头钱。

刘婷执行的方案是：非故意损坏的要酌情惩罚，情节严重的要照价赔偿。人家赵丽丽把机头弄坏的时候，可是哭得梨花带雨，这谁都看见了，这怎么也不能说是情节严重吧，所以刘婷就建议酌情惩罚了。

事后王副总也追问刘婷的解决方案，还打着官腔问惩罚力度是不是不够，刘婷巧妙地述说了上述理由，王副总没再说话，挥挥手让刘婷走了，不过接下来的日子，和刘婷说话的时候总是那么和颜悦色，让她感到特别的舒服。

场外提示：

潜规则暗示了公司的一种潜在文化和行事规则，往往只有老员工们才能深刻领会。如果对此尚不了解，那么不妨多请教资深

遵守潜规则的必备素质
1、懂得上司的心理和行事习惯；
2、熟悉公司文化和运作方式；
3、懂得难得糊涂的拿捏尺度。

几种心照不宣的潜规则
1、上司的喜好有时高于制度；
2、别和老板谈公正；
3、不能抢了上司的风头；
4、太露锋芒的人容易没饭吃；
5、给上司预留指导和发挥的空间；
6、适时的巴结也算一种沟通技巧；
7、尽早投靠新上司；
8、把握好潜规则的分寸。

同事，同时记住：你既不能把自己的上司不当回事，也不能把他们的话真正当回事，执行起来也得有弹性，有时你的确需要装糊涂。

阻碍晋升的小事

在职场中，大多数人的工作态度都持有"事不关己高高挂起"的态度。即使是在接到上级发下来的任务时候也会无故推辞，或者有不满情绪。然而，在你推掉这些任务的时候，你也失去了晋升的机会。

♡ 浮躁断送前程

"工作中不能浮躁、耍滑头，否则未来的发展很可能就毁在自己的手里了。"这是某公司负责人季先生对新人孙晨最后的忠告。就因为浮躁，孙晨三个月试用期未满就被辞退了。

孙晨大学毕业就进了季先生所在的公司，刚入职时，他还主动请缨加班，表现得非常勤快。可一个月后，就开始有意无意地跟季先生抱怨，说工作一点新意也没有。季先生也多次婉转地提醒他，新人要通过小事培养耐心，但孙晨似乎听不进去。后来，当公司再有加班任务时，孙晨不是强调家里有事就是身体不好，能推就推。交给他的工作，也经常拖延。孙晨的这种表现，使得季先生只能将一些不太重要的事情分给他做，因为担心他"不靠谱"。

终于有一次，季先生让孙晨做一份人事方面的计划书，可一周后，季先生拿到手里的计划书，内容前后不一致，条理也不清晰。

"很明显这是根据以前版本修改的，他根本没有认真做。"季先生遗憾地解雇了孙晨后说，"如果他像以前一样努力坚持，我真的很看好他。可是他耍小聪明，自毁前途。"

☼ 态度决定发展

职场中的机会是可遇不可求的，周林和小李以前同为销售员，由于两人工作态度不同，最后结果也不同。做销售员初期，需要跑客户，周林每天非常勤奋，虽然也有碰壁，但还是满怀激情，而小李则在碰过几次壁后，开始失去信心。

我想为下星期的工作做一些准备……

下午陪我逛街吧！反正你们老板不在

小李每天到单位打卡后，就以见客户为由到处闲逛，到处找朋友发泄自己工作中的不如意。经理把客户单子同时分给小李和周林，小李并不珍惜，他认为这是没有意义的工作。而周林拿到单子后，却想方设法登门拜访，给对方留下好印象。当周林有了自己的客户时，小李总是不以为然，认为是周林的运气好而已。时间久了，周林对于销售工作渐渐地得心应手，而小李则一点长进都没有，经理也总是把工作分给周林，小李就落得清闲。

三个月考核期未满，公司就以不适合销售工作为由辞去小李。而周林则业绩突出，得到上司的肯定。不到一年，周林就升职为销售经理，管理自己的小团队，而小李依然频繁地跳槽于各个公司的基层职位之间。

☿ 新人更要从小事积累

中国北方人才市场专家分析：职场中，像孙晨、小李这样的新人很多，初入职场，必定只能做些琐碎的工作。新人们往往看不上这些小事，而恰恰就是通过这些，领导会观察员工的处事态度和方式，更重要的是通过这样的小机会也能衍生出大的机遇。在面对挫败时，新人很容易表现得比较消极，这是因为他们没有明确自己的职业规划，找不到自身能力所在，一味地消磨时光，其实浪费的是自己的未来。"任何事情都不是一蹴而就的，我们看到的成功背后都会有很多积累，职场无小事，任何事情的处理都在表明员工的态度，也就决定着你下一步乃至今后的机会。"专家最后说。

当上司分配给你任务的时候，欣然的接受吧，不仅仅可以从中积累经验，也会让你的上司对你有个好的印象。

93

想要升职，切勿做六种人

在职场中，都想要快速升职，但是职位只有那么几个，老板会怎么选择呢？职场分析师告诉你哪种职场人最不易升职。

☿ 伴郎型

这种人的毛病不在于做不好工作，而在于不能充分发挥自己的潜能。在你用心时，你的工作是一流的，你的处事态度始终像伴郎一样，不想喧宾夺主，也不想出人头地，这阻碍了你升迁晋级。

☒ 鸽子型

这种人勤于工作，也有技术和才华，但由于工作性质或人事结构，所学的知识完全与工作对不上号。

别人升迁、加薪、晋级，你却只是增加工作量。对这种境遇，你早就不满，但你不能大胆陈述、努力捍卫，而只是拐弯抹角地讲一讲，信息得不到传达，或根本被上司忽视了。一切全因你像一只鸽子样温顺驯服。

☒ 幕后型

这种人工作任劳任怨，认真负责，可是你的工作却很少被人知道，尤其是你的上司。别人总是用你的成绩去报功，你内心也想得到荣誉、地位和加薪，但没有学会如何使人注意你，注意到你的成就。一些坐享其成的人在撷取你的才智后，你只会面壁垂泣。

☒ 仇视型

这种人不能说不自信，甚至说是自信过了头。在工作上很能干，表现也很不错，却看不起同事，总是以敌视的态度与人相处，与每个人都有点意见冲突。行为上太放肆，常常干涉、骚乱别人。大家对这种人只会"恨而远之"，无人理会你的好办法、好成绩。

☒ 抱怨型

一边埋头工作，一边对工作不满意；一边完成任务，一边愁眉苦脸。让人总觉得你活得被动，而上司认为你是干扰工作、爱发牢骚的人。同事认为你难相处，上司认为你是"刺儿头"。结果升级、加薪的机会被别人得去了，你只有"天真"的牢骚。

⚥ **水牛型**

对任何要求，都笑脸迎纳。别人请你帮忙，你总是放下本职工作去支援，自己手头拉下的工作只好另外加班。你为别人的事牺牲不少，但很少得到别人与上司的赏识，背后还说你是无用的老实。在领导面前不会说"不"，而受到委屈后，只好到家中发泄。

以上六种不良的工作心态，其共同的特点是不能抓住自我、表现自我和捍卫自我，从而在心理上不能自我肯定。

优秀下属：三不原则升得快

现实生活中，我们经常会遇到这样一种情况，有些人的行为让自己的上司左右为难，自己却浑然不知。如果经常这样，这种人自然而然地就会被领导排除在圈子之外，更不可能成为领导心目中优秀的下属。

有一段话是这样描述圈子与班子之间的关系：进入班子，没有进入圈子，等于没有进入圈子；没有进入班子，进入圈子，等于进入圈子；进入班子，又进入圈子，等于进入圈子的圈子；没有进入班子，也没有进入圈子，想不开叫小子，想得开叫老子。

说明进入班子的重要性。那么，怎样才能让自己进入圈子呢？其实，现实生活中，能够进入圈子的人，一定是这个圈子核心人物的左臂右膀，一定是领导认为是"优秀的下属"。

那么，怎样才能成为"优秀的下属"呢？

☒ 原则一：不做与领导价值观冲突的事情

每个领导都有自己的做事准则和价值标准，如果违背了，很容易让领导觉得这样的人不同路，更无共同语言，那么，这样就容易排挤到圈子之外。

有这样一位领导李三，是某大型国有企业驻某省区经理。这个经理很注重团队合作，尤其团队精神至关重要。他认为，营销人没有团队合作，很难出成绩的。所以，驻外人员都是住在一个地方。有一年，企业从内部招聘了一批营销人员，其中小张就是派到该片区。不到一个月，小张结婚了，就把妻子接过来同住。由于都是男同志，所以小张就在外面租房子住，并向李三申请。这种申请，李三只能答应，但内心是十分反对的。小张自己一个人住在外面，一是不好管理，不知小张日常在做什么，毕竟，营销更多的是松散型管理；二是小张成为"独行侠"，与团队割裂；三是以前没有出现这种情况，这是首例。

小张的行为是严重与领导价值观冲突的做法。而且，不管之前自己在企业待过多长时间，毕竟重新来到一个新部门，属于一个新人来到新的团队，时间才一个月时间，就做出违背团队意愿的事情，很容易在领导心目中形成格格不入人物。

☒ 原则二：不要以为自己业绩很突出

业绩是否突出，不是自己说的，而是做出来，也是由领导评定的。但是，有的人，往往自认为自己业绩很突出，而且自己把自己评为优秀，那么，容易让领导为难。

企业做业绩考核评定，都会自己给自己机会打一个分。有的时候，自己确实很能干，自认为业绩也很突出，是不是就一定把自己的分数打高分呢？这要看企业文化，尤其中国企业，最好不要把自己打高分了，这样，容易让领导难办。为什么呢？假如说自己给自己打一个高分，那么，领导是怎么想的呢？

一是确实认可自己业绩很突出。那么，领导也就顺水推舟的给你打个高分。但这样不是告诉领导，这本来是我应该得的，只是领导重新确认一下。其实，这已经跨越了领导意志。

二是领导认为自己业绩并不突出，或者不是组织中最突出的。那么，这个时候，就难办了。把个人评定调低了，下属认为领导在否定自己，与自己预期相差很远。再说了，很多时候，工作真的是自己做的吗？成绩真的都属于自己吗？举一个例子，笔者把部门一项工作列为重点，并且要求小李去做这件事情。

在做这件事情的时候，小李就是与工作不搭调，不符合要求。在笔者的不断引导和指引下，终于完成了这项工作。此时，如果小李就认为这项工作是在自己手头上完成，成绩自然属于自己，在该季度考核中，自己就应该把自己评为优秀了。那么，主管拿着他的评定分数左右为难了。

三是自己本来就不突出，把业绩评定分打得很高。这是极其不成熟做法，也是自讨苦吃的做法。我听一位主管谈起以前一位同事，在绩效考评中，把自己评为优秀。这位主管就问："请说说自己评为优秀的依据是什么？"那位同事说："我不需要说明什么，别人也没有做什么，我为什么不能评为优秀？"

多么荒唐的理由。最后的结果是主管与员工绩效沟通不欢而散。更主要的，这位同事不可能继续待在这位主管底下工作了。

✖ 原则三：不要太固执己见

有些人有想法很好，但对自己想法太固执就不太

好。尤其作为下属，领导把你安排到这个位置，不是让你的想法变成现实，而是要把领导的想法变成现实才是关键。可是，有的人自以为是，结果弄成自己什么都不是。本末倒置是很多人容易犯的错误却不知自己已经犯错了。

有些时候，领导的话并不好直接说明，更不会挑明，而是很含蓄地说一些。如果幸运一点，会遇到好一点的领导，会当面提醒你。但是，有些人很听不懂，更不懂背后暗藏着玄机。

在一次公开竞争上岗中，领导要求要公开、公正和公平。这无可厚非，人事部门也很认真组织。有一天，领导来到人事部门办公室，了解竞争上岗情况。寒暄一番后，对人事部门所采取的方式方法肯定一番，要求要严格按照管理制度执行。领导离开之间，刚走到门口，又探头回来，说了一句："听说小 A 很不错。"领导讲完这句话就离开了。之后就可想而知，竞争上岗的条件就紧紧围绕小 A 来做文章，最后，小 A 顺理成章成为竞争上岗的受益者。当然，领导对人事部门组织工作很是肯定，最主要的是，让有能力、有本事的人竞争到合适岗位。

遗憾的是，有些人并不会听懂领导的话，把个人想法或者私人感情带到工作中，结果并没有按领导意图去办。就以上面一个例子，如果人事部门严格按照所谓的公开、公正和公平来做的话，自然不受领导欢迎。也许一次领导能够容忍，但超过三次，就有可能被炒鱿鱼，或者被打入冷宫。也许自己还浑然不知问题出在哪里。也许还会说"我任劳任怨，兢兢业业，为什么会是如此不好的结果。"根本原因是自己没有听懂领导的话。

也许有人说：领导应该直接说明不是更好吗？有的东西，只能意会，不可言传，毕竟，很多事情本身就说不清楚，

那又如何说明白呢？

清除升职障碍

每个人的职业生涯中都会遇见各种的障碍，当面临这些障碍时，许多人不懂得如何清除它们，而是因此而苦恼，阻碍了职业的发展。如何能够在困难面前不被打到，而是利用每一次危机形成职业发展的转机。

以下 10 项是一些企业主管，针对未能有出色表现的员工，而归纳出来的职场障碍，你会否遇到其中一项呢？

（1）没有创意：只会做机械性的工作，不停地模仿他人，不会追求自我创新，自我突破；认为多做多错，少做少错。

（2）难以合作：没有丝毫团队精神，不愿与别人配合及分享自己的能力，也无视他人的意见，自顾自地工作。

（3）适应力差：对环境无法适应，对市场变动经常无所适从或不知所措，只知请教上级，也不能接受职位调动或轮班等工作的改变。

（4）浪费资源：成本意识很差，常无限制地任意申报交际费、交通费等，不注重生产效率而造成许多浪费。

（5）不愿沟通：出现问题时，不愿意直接沟通或不敢表达出来，总是保持沉默，任由事情恶化下去，没有诚意带出问题，更不愿意通过沟通共同找出解决方案。

（6）没有礼貌：不守时，常常迟到早退；服装不整，不尊重他人；做事散漫或刚愎自用，在过分的自我中心下，根本不在乎他人。

（7）欠缺人缘：易嫉妒他人，并不欣赏别人的成就，更不

99

愿意向他人学习,以致在需要同事帮助的时候,没有人肯伸手援助。

(8)孤陋寡闻:凡事需要别人的照顾及指引,独立工作能力差,需要十分清晰及仔细的工作指引,否则干不好。对社会问题及行业趋势也从不关心,不肯充实专业知识,很少阅读专业书籍及参加各种活动。

(9)忽视健康:不注重均衡生活,只知道一天到晚地工作;常常闷闷不乐,工作情绪低落;自觉压力太大,并将这种压力传染给同事。

(10)自我设限:不肯追求成长、突破自己,不肯主动接受新工作的挑战,抱着"打工仔"的心态,认为公司给什么就接受什么,自己只是一个人微言轻的小职员。

以上10个障碍值得逐一跨越,只要对态度、知识、技巧等做出检讨,并且肯思考、判断、分析,与时并进地学习,就是移除障碍的基本方法。

三大状态下
需紧急调整心态

发生冲突时，紧急调整心态

在工作和生活中，难免有冲突，如不自控，冲突愈演愈烈会影响工作、伤害感情。因此，掌握一些自我息怒的技巧是十分有益的。

☒ 平心静气

美国经营心理学家欧廉·尤里斯教授提出了能使人平心静气的三项法则："首先降低声音，继而放慢语速，最后胸部挺直。"降低声音、放慢语速都可以缓解情绪冲动，而胸部向前挺直，就会淡化冲动紧张的气氛，因为人情绪激动、语调激烈的人通常都是胸前倾的，当身体前倾时，就会使自己的脸接近对方，这种讲话姿态能人为地造成紧张局面。

☒ 闭口倾听

英国著名的政治家、历史学家帕金森和英国知名的管理学家拉斯托姆吉，在合著的《知人善任》一书中谈道："如果发生了争吵，切记免开尊口。先听听别人的，让别人把话说完，要尽量做到虚心诚恳，通情达理。靠争吵绝对难以赢得人心，立竿见影的办法是彼此交心。"愤怒情绪发生的特点在于短暂，"气头"过后，矛盾就较为容易解决。当别人的想法你不能苟同，而一时又觉得自己很难说服对方时，闭口倾听，会使对方意识到，听话的人对他的观点感兴趣，这样不仅压住了自己的"气头"，同时有利于削弱和避开对方的"气头"。

♀ 交换角色

卡内基·梅伦大学的商学教授罗伯特·凯利，在加利福尼亚州某电脑公司遇到一位程序设计员和他的上司就某一个软件的价值问题发生争执，凯利建议他们互相站在对方的立场来争辩，结果五分钟后，双方便认清了彼此的表现多么可笑，大家都笑了起来，很快找出了解决的办法。在人与人沟通过程中，心理因素起着重要的作用，人们都认为自己是对的，对方必须接受自己的意见才行。如果双方在意见交流时，能够交换角色而设身处地地想一想，就能避免双方大动肝火，理性升华。

电视剧《继母》中，当年轻的继母看到孩子有意与她为难而恶作剧时，一时气愤难忍，摔碎了玻璃杯。但她马上意识到进一步冲突的恶果，想到了当妈妈的责任和应有的理智，便顿然消除了怒气，扫掉玻璃碴片并主动向孩子道歉，和解了关系。当冲突发生时，在内心估计一个后果，想一下自己的责任，将自己升华到一个有理智、豁达气度的人，就一定能控制住自己的心境，缓解紧张的气氛。

103

事业低迷期，走出困惑

职场上的人工作一段时间后，特别是当代的年轻人，在工作的初始阶段，往往会产生这样的困惑和迷茫：

我在做什么？是在实现自己的理想吗？

我的公司能提供实现自己理想的机会吗？

我是否需要找新机会？

应对这些心理迷茫，一般而言，有上、中、下三条对策：

☒ 下策——抱怨

思想：有不满，搞不清楚为什么。

行为：抱怨企业，抱怨上司，抱怨客户，抱怨同事，抱怨自己……

一事尚未成功——理解现有工作岗位，通常需要两年左右时间，就开始寻找另外的机会

分析：责任感（主要是对自己的责任感）、奋斗精神较差，对现有岗位提供的机会挖掘不足，能力积累不能达到跳槽必需的门槛值。

结果：如果没跳槽，可能就此自暴自弃，一生前途大受影响，甚至影响他人；如果跳槽了，一下子找到好机会是小概率事件，从此开始低水平频繁跳槽的痛苦日子是大概率事件。

☒ 中策——忍耐

思想：同前者，有不满，搞不清楚为什么。

行为：忍耐，精神有些紧张。

分析：责任感、奋斗精神不足，对现有岗位提供的机会认识、挖掘不足，成就感不够。

结果：如果过段时间想通了为什么会不满，找到了症结，采取"上策"，职场天空会豁然开朗。

如果长久没想通，或者行动不足，可能就此平庸、沉沦下去，甚至对职场产生不当的认识，影响一生的发展。

☒ 上策——寻求现有岗位价值最大化

思想：同前者，有不满，搞不清楚为什么。

行为：并非不可以跳槽，但更重要的是没特别的好机会时，

先把现有工作做到优秀。问自己还有什么没想到、没做到、没做好，想办法先达到优秀，相信不明白的事会慢慢明白。

分析： 责任感（尤其是对自己的责任感）、奋斗精神较好，立足现有岗位挖掘机会，建立成就感。

结果： 如果努力程度不足够或方向有问题，过段时间问题依旧，可能倍受打击，对自己产生怀疑，可能从此进入"抱怨"或"忍耐"状态。但若继续坚持找新方向、努力，仍有机会。

如果方向正确、努力程度够，问题会迎刃而解，职场自信就此建立。

有的人能一开始就想明白、方向正确、行动足够，那是最佳。

有的人遇到问题了，没想明白就盲目跳槽了，赶上的机会很好，后来发展还很顺利，那真应该恭喜此人——太幸运了，实属少数。

更多的人是遇到问题了，没那么好的运气、机会，就只能在上述的"下、中、上"三策中选择了。可以看出，三策的差异，不在问题（思想）上，而在行动和结果上。

突破现状，必备勇气

职业就像我们生活的台阶，我们需要在不同的时段站在不同的位置和高度。它已经不是毕业时的一锤定音，也不是郁闷难耐时的频频跳槽，它需要终生的策划。

♀ 突破现状的勇气

上班族面对每天的工作，总是会渐渐形成一种习惯，从好的

一方面来说，这表示我们对工作逐渐上手、越来越熟练了，碰到各种状况都知道应该如何去处理；但是从另一个角度来看，如果我们每天面对每一个状况，都是用同一种思考模式、同一种方式来处理，很可能我们会成为整个团队往前迈进的障碍。

所以，我们应该建立自我挑战的习惯，常常自我挑战，别人还没有要求你改变，你自己就已经在那里求新求变了。

☒ 追求卓越的勇气

最近有一本书在中国相当流行，那就是《从 A 到 A+》，这本书有一个重点，说的是卓越的领导很多都是通过后天的努力成功的，而他们追求卓越的过程，即使不是领导者的人也都可参考。

一个人会成为卓越的领导人，关键是他（她）应是一个有勇气追求卓越的人，不随便妥协，也不随便放弃，并不过分自傲，对事务非常执着，而且勇气十足地去追求卓越（他当然可能还是失败，但你不能不佩服他的勇气）。

☒ 与众不同的勇气

与众不同，即能独立思考与判断，不人云亦云，不盲信盲从、盲目追随流行，更不要哗众取宠，不能为了讨好上司、老板、同事而放弃原则或失去立场，更不能不顾真理和正义。

我们如果总是选择没有声音、没有意见，选择不问青红皂白、只站在人多或权力比较大的那一边，的确比较容易过日子，但是尽管短时间内会让你日子比较好过，却会让你在未来陷入更大的困境。

☒ 能原谅别人的勇气

在工作上，不论是与同事之间或与客户之间都是每天互动频繁的，其中都会有不愉快的事。当不愉快的事情发生后，又往往不见得能够有机会、有时间好好去处理，于是多数人只好把这些不愉快放在心里面，而且总是忘不了，日积月累、久而久之，我们的工作就变得很不快乐。

但原谅别人说起来还容易、真要做起来却是很困难的。通常我们会面临需要原谅别人的状况，就是说那些得罪过我的人、如今落在我手里了。这时候，我是趁机好好报复他呢，还是不计前嫌、真心去帮助他？因为我们累积了太多的伤心往事在内心深处，潜意识里已经深埋着对这个人的怨恨。原谅他们真的需要极大的勇气和胸襟，说到底，有这种勇气的人最后往往也是朋友最多的人，绝不会是不划算的。

☿ 克服困难的勇气

我们在日常工作中，难免会遭遇种种困难，或者是人际关系上的困难；又或者是制度上的障碍，譬如说某些法令的规定、公司或单位内部规章的限制，让你的事情办不通；又或者是资源不足，或者是你的专业能力欠缺等等，种种主客观的困难会横在你面前。

最让上班族气馁的是，往往越是在这种时候，越没有人会伸出援手，连最应该替你出面的主管，也很可能选择袖手旁观。

我们需要有自行面对困难去设法克服困难的勇气，俗语说自助者天助，当我们愿意一个人自己设法去克服困难的时候，事情也往往就会出现转机。

☿ 勤于学习的勇气

在工作上有许多可以学习的机会，因此有的人可以单单因为工作上所累积（与学习）的经验，就成为出类拔萃的顶尖好手，可是同样的工作、同样的年资，却有更多的人表现平平，其差别就在于"勤"与"勇"否。

107

　　"勤"代表我们的主动、自动自发、积极与努力不懈。除了要"勤"之外，还得要有勇气。这种勇气是指一种选择了一条与别人不同的道路，宁愿孤独也不放弃的勇气。

　　☒ 坚持下去的勇气
　　上班族在工作上还必须具备能坚持下去的勇气。
　　有许多时候，我们并不是没有勇气挺身而出，可能我们的确曾经为了真理正义挺身而出。不过久而久之，我们还是妥协了，或者是干脆眼不见为净就算了。所以能坚持下去的勇气就显得相当珍贵。